基金项目信息：

来源：2023 年度甘肃省教育厅高校教师创新基金项目

项目名称：社会治理视域下甘肃农牧村体育发展对策研究

项目编号：2023B-221

社会治理视域下我国农村体育发展研究

杨　花◎著

SPM 南方传媒 | 广东人民出版社

·广州·

图书在版编目（CIP）数据

社会治理视域下我国农村体育发展研究 / 杨花著 . 广州 : 广东人民出版社, 2025. 4. -- ISBN 978-7-218-18416-6

Ⅰ. G812.42

中国国家版本馆 CIP 数据核字第 20257BG804 号

SHEHUI ZHILI SHIYU XIA WOGUO NONGCUN TIYU FAZHAN YANJIU

社会治理视域下我国农村体育发展研究

杨 花 著

出 版 人：肖风华

责任编辑：马妮璐
责任技编：吴彦斌 唐于鹏
装帧设计：沈加坤

出版发行：广东人民出版社
地　　址：广东省广州市越秀区大沙头四马路 10 号（邮政编码：510199）
电　　话：（020）85716809（总编室）
传　　真：（020）83289585
网　　址：http://www.gdpph.com
印　　刷：北京亚吉飞数码科技有限公司
开　　本：710mm×1000mm 1/16
印　　张：13　　字　　数：206 千
版　　次：2025 年 4 月第 1 版
印　　次：2025 年 4 月第 1 次印刷
定　　价：82.00 元

如发现印装质量问题，影响阅读，请与出版社（020-85716849）联系调换。
售书热线：（020）87716172

前言

社会治理具有多元主体、民主协商、合作互动、认同整合、以人为本、健全法治等特点，其目的在于维护社会和谐，保障公共利益。当代治理理论主要创始人之一的詹姆斯·N.罗西瑙认为：“治理与统治不同，治理指的是一种由共同的目标支持的活动，这些管理活动的主体未必是政府，也无须依靠国家的强制力量来实现。换句话说，与政府统治相比，治理的内涵更加丰富。它既包括政府机制，也包括非正式的、非政府的机制。”①我国地域辽阔，人口众多，历史悠久，文化灿烂，不同区域间自然环境、经济社会状况差异明显。在特殊的国情和发展阶段，做好中国的社会治理，既有与其他国家相异的特点，更有比其他国家高得多的难度。

2013年11月召开的党的十八届三中全会决定，“创新社会治理体制”，并从改进社会治理方式、创新有效预防和化解社会矛盾体制、激发社会组织活力、健全公共安全体系四方面提出了原则性要求。这是我党对改革开放和社会主义现代化建设新时期处理社会问题、解决社会矛盾所取得经验的深刻总结，是我国社会建设方面取得的重要理论与实践成果。推动多元共治，坚持多元要素共同支撑是社会治理的核心要义。农村体育不仅是社会事业的基本

---

①［美］詹姆斯·N.罗西瑙.没有政府的治理[M].南昌：江西人民出版社，2001：10.

成分，也是创新农村社会治理手段、实现乡村振兴的有力抓手。将农村体育置于社会治理视域下进行深入研究，具有重要的理论与现实意义。《社会治理视域下我国农村体育发展研究》正是基于以上思考而撰写。

全书本着体育服务人民、体育改善社会的责任意识，以创新社会治理体制为基本脉络，以农村体育助推社会治理机理为主要支撑，以满足人民群众对体育健身需要为根本目的，紧扣体育与社会治理、体育与乡村振兴等热点问题，根据社会运行论的基本原理分析了农村体育发展运行的条件、机制，揭示了新时期农村体育发展的内在逻辑，构建了我国农村体育发展的结构体系。

全书共六章，各章内容既独立成论，又紧密相连，破立结合，共同作用，形成了社会治理视域下农村体育高质量发展的有效机制。第一章首先对社会治理的基本理论进行了阐释，然后对农村社会治理的原理进行了分析，归纳了乡村振兴背景下农村社会治理所面临的挑战与出路，以深化对农村体育在现代社会治理中角色的认识与理解。第二章全面审视我国农村体育发展历程，梳理其演变轨迹，科学分析新时期我国农村体育发展的条件、问题与机遇，在此基础上规划了新时期我国农村体育发展的战略框架。第三章从农村公共体育服务体系助推社会治理的机理入手，深入探讨其理论基础、基本原则与主要内容，进而提出了我国农村公共体育服务的运行机制与发展路径。该章节还列举了国外公共体育服务体系建设的典型案例，以期为我国农村公共体育服务的发展提供有益启示。第四章阐述了农民体质健康的影响因素，介绍了农民体育健身工程的主要内容与运行逻辑，深入探讨了社会治理视域下农民体育健身工程的推进策略。第五章从挖掘农村体育活动的产业价值出发，系统分析了我国农村体育产业的发展现状、面临的困境与突破方向，提出了社会治理视域下我国农村体育产业的转型策略与高质量发展路径。第六章首先点明牧区体育在体育总盘子中的占比值的高度重视，随后论证了牧区体育与社会治理是一个相互促进的动态过程，最后提出了“坚持六大原则、突出优势项目、整合多元要素”推动牧区体育可持续发展的途径。

本书的理论价值在于：一是结合社会运行论原理，围绕人口、环境、经济、政治、文化等体育发展的社会条件，分析了农村体育发展的内在机制，形成了发展农村体育的对策措施，丰富强化了新时期体育发展的理论支撑。二是当前我国社会建设正从社会管理向社会治理演进，政府不再是单一的管理主体，是由多元主体协商合作进行社会治理。体育在农村社会治理中扮演着重要角色。本研究拓宽了社会治理视野，有助于从体育视角丰富和完善社会治理政策与理论。

实际应用价值在于：一是有效助推乡村振兴战略的实施。增强党委政府、体育主管部门加快农牧村体育发展的紧迫感和责任感，科学做好农牧村体育发展的顶层设计，推动公共财政向农牧村倾斜，积极补齐农牧村体育发展的短板弱项，改善村庄面貌，完善村庄功能，缩小城乡差距，夯实乡村振兴基础。二是显著丰富社会治理手段。推动有关部门和基层政府在依法行政、严格管理之外，注重运用体育比赛公平竞争的规则意识、体育运动团结协作的合作意识、生态体育保护环境的生态意识引导人、熏陶人，以此规范社会行为，协调社会关系，发挥体育软治理作用。三是深入推进全民健身运动。推动县乡村组立足当地文化体育资源，支持群众自发组织开展广场舞、健身操、锅庄舞、常态化健身、特色运动会、体育比赛，引领广大农牧民形成热爱体育运动、弘扬优秀文化、注重生活品质、享受健康人生的新理念，为实现社会和谐善治创造条件。四是积极培养农牧民群众的公民意识。积极鼓励建立农牧民体育协会，引导群众参与体育等公共事业的规划、设计、组织、协调等，培养骨干、能人，倡导群众自治自管，增强权利、民主、责任、参与意识，变单纯的守法教育为公民意识的培养。五是助力深入践行社会主义核心价值观。体育运动培养文明新风、促进人人和谐相处，助推“文明、和谐”国家层面价值目标的实现；农牧村体育强化了人人享有体育、公平竞技体育的共享、规则意识，能有效助推“平等、公正”社会层面价值取向的形成；农牧村体育促进合作交流、增进感情友谊，能促进“诚信、友善”个人层面价值准则的落地见效。

体育助推农村社会治理、巩固乡村振兴成果，既是一场重要的实践行动，也是一门严谨的科学研究。笔者深感责任与挑战同在，拓展与局限并存，诚望读者提出宝贵的意见和建议，以期在将来的实践与探索中不断提高与完善。

杨 花

2024年10月

目　录

第一章

社会治理与农村社会治理

40多年改革开放的过程是我国经济社会全方位发展进步的过程。在这一伟大的进程中，各类社会组织也逐渐走向成熟，其在社会治理体系中的功能效应日益凸显。尤其在当前我国发展前进与社会矛盾交织、战略机遇与困难挑战同现的重要阶段，积极做好社会治理理论研究与实践意义重大。本章旨在全面剖析社会治理的核心理念、目标体系、实施路径以及在农村这一特定领域的特殊应用与挑战，为构建更加高效、包容、可持续的社会治理体系提供理论支撑与实践指导。

第一节　社会治理的内涵

一、社会治理的概念与提出背景

在我国特有的社会架构与政治体系框架内，社会治理活动被界定为党委、政府以及更广泛的社会主体，依托法律、规章制度、政策导向、伦理道德及价值观念等多重社会规范机制，采取直接或间接的方式，全面介入并作用于社会各个维度与环节的服务供给、协调管理、组织架构构建及监督控制的动态过程与实践。

“社会治理”这一概念是在党中央全力推进国家治理体系和治理能力现

代化这一重大历史背景下提出的，是中国共产党提升执政效能、创新政府行为的必然产物。该理念一方面是对中国改革开放40余年来社会管理实践经验的深刻总结与升华，另一方面也是加强和改善党的领导、实现既定发展目标的重要抓手，彰显了中国共产党在建设现代化强国征程上执政理念的日臻成熟、施政手段的丰富化与高效化。

二、社会治理的理论阐释

（一）宏观视角下的社会治理之“社会新政”

在中国共产党引领国家治理与全面深化改革的历史进程中，“社会治理”这一概念的提出不仅标志着国家治理体系的深刻变革，更被视为一种具有划时代意义的“社会新政”。这一新政的酝酿与实施是中国共产党对社会发展规律深刻把握的体现，也是对国家治理现代化路径的积极探索。

党的十八大作为“社会新政”的起始点，为后续的改革与发展奠定了坚实的基础。在这一时期，社会体制改革的步伐显著加快，涉及社会组织、社会服务、社会治理等多个领域的改革措施密集出台，共同构成了推动社会全面进步的宏观框架。在这一背景下，社会治理不再仅仅是政府单方面的职责，而是成为政府、市场、社会三者协同作用的重要领域，其目的在于通过创新机制，激发社会活力，促进社会和谐稳定。

创新社会治理本质上就是一场深刻的社会体制改革，它要求我们在坚持和完善中国特色社会主义制度的前提下，不断探索符合时代要求、体现人民意愿的社会治理新模式。党的十八大报告明确将加快推进社会体制改革作为战略任务之一，这不仅是对传统社会治理模式的深刻反思，更是对未来社会治理发展方向的明确指引。

党的十九届四中全会进一步强调了社会治理在国家治理体系中的重要地位，提出了构建共建共治共享的社会治理制度的目标。这一目标的提出标志着中国社会治理进入了一个新的发展阶段。共建，意味着社会治理需要政府、市场、社会等多方力量的共同参与；共治，强调在治理过程中要尊重各方主体的权利和利益，形成协同共治的良好局面；共享，是指社会治理的成果要惠及全体人民，让人民群众在共建共治的过程中获得实实在在的利益。围绕社会建设和社会治理的整体性制度安排和体制框架构建已经成为国家治理现代化战略的重要内容。这一过程中需要不断总结经验教训，完善相关法律法规和政策措施，提高社会治理的科学化、法治化、智能化水平。同时，还需要加强基层社会治理能力建设，推动社会治理重心下移、资源下沉，让人民群众在基层社会治理中发挥更大的作用。总之，“社会新政”的提出与实施是中国共产党在新时代背景下对国家治理体系的一次重要创新。它要求我们以更加开放的心态、更加务实的作风、更加创新的思维来推动社会治理现代化进程，为实现中华民族伟大复兴的中国梦贡献智慧和力量。

（二）中观视角下的社会治理之“社会工程”

在现代社会，其高度复杂性与不确定性并存的特征将社会治理推向了一个前所未有的高度，使之成为一项复杂而精细的社会系统工程。面对这一挑战，现代国家纷纷发展出各种“清晰化”和“标准化”的治理策略与技术，旨在通过科学化、专业化和精细化的手段，提升社会治理的效能与水平。中华人民共和国成立以来，社会治理的变革轨迹清晰地展示了从“总体支配”向“技术治理”的深刻转型，这不仅是治理理念的革新，更是治理能力的飞跃。

“社会新政”作为国家层面的战略蓝图，其落地实施离不开地方政府的积极响应与创造性执行。在这一过程中，中央通过设立一系列试点项目，如“全国社会管理创新综合试点”“全国市域社会治理现代化试点”“全国社区治理和服务创新试验区试点”等，为地方政府提供了政策导向与实践平台。这些试点项目不仅为地方政府带来了政策与资源的支持，更激发了它们在社会治理创新方面的探索热情与创新能力。

在地方层面，“工程”与“项目”成为推动社会治理创新的关键，围绕这些工程和项目，地方政府构建起了一套规范化、程序化的操作流程，并建立了相应的评价体系，以确保社会治理创新的有序推进与成效评估。这种“项目制”的运作模式不仅促进了社会治理资源的有效整合与利用，还催生了多样化的经验模式，如政社合作模式、社会服务模式、社会自治模式等，为其他地区提供了可借鉴、可复制的宝贵经验。地方政府在推进社会治理创新的过程中，正经历着从“经济建设型政府”向“服务型政府”“法治型政府”“智慧型政府”“创新型政府”的深刻转变。这一转变要求地方政府不仅要关注经济增长，更要重视社会建设，加强政策法规的完善与执行，努力构建更加和谐、稳定、有序的社会环境。通过加强社会治理创新，地方政府不仅提升了自身的治理能力与服务水平，还为社会的全面发展与进步提供了强有力的体制保障。

（三）微观视角下的社会治理之“社会重建”

在微观的社会学视野中，社会治理不仅是应对社会二重性及其内在张力的必然要求，更是塑造社会生活秩序、促进社会和谐共生的重要途径。其核心在于调整社会性与公共性的微妙平衡，力求在连结与团结的互动中构建出一个既充满活力又不失秩序的社会图景。随着现代社会从“集体化”向“个体化”的深刻转变，社会纽带的松弛与人际关系的疏离，为社会治理的基础带来了前所未有的挑战，使社会基础秩序的重建成为不可回避的核心议题。

改革开放以来，中国社会经历了前所未有的转型与分化，以单位制和公社制为基础的基层管理体制逐渐式微，“去组织化”成为社会变迁的显著特征。面对这一现实，加强社会建设、创新社会治理，其核心目标在于实现社会的“再组织化”，即通过新的机制和手段，重建社会凝聚力，恢复社会秩序，从而激发社会活力。

在这一过程中，社会重建至少涵盖了以下五个关键方面。

1.社会利益机制的重构

社会治理的核心在于协调各方利益，市场经济体制的确立打破了原有的利益格局，促进了利益主体的多元化。面对复杂多变的利益关系，建立利益均衡机制成为社会治理的重要任务。这要求我们在尊重和保护各利益主体合法权益的基础上，通过制度建设、政策引导等手段，促进利益的合理分配与社会的和谐稳定。

2.社会流动机制的优化

一个富有活力的社会应当具备良好的社会流动机制，为每个人提供公平的发展机会和上升空间。这要求我们打破社会阶层固化的壁垒，畅通社会流动渠道，促进人才的合理流动与优化配置，从而增强社会的弹性和包容性。

3.社会保障机制的完善

社会保障是现代社会的“安全网”和“稳定器”，在推进社会治理的过程中，我们必须高度重视社会保障机制的建设和完善，确保每个人都能够分享社会改革发展的成果，不断提高全社会的文明福祉水平。

4.社会自治机制的建立

随着“单位社会”的解体，基层群众自治组织成为社会治理的重要力量。我们应当鼓励和支持基层群众自治组织的发展壮大，同时积极引导民间社会组织参与社会治理，形成政府主导、社会协同、公众参与的社会治理格局。

5.社会共同体机制的构建

社会治理的最终目标是构建一个人人有责、人人尽责、人人享有的社会治理共同体。这要求我们在实践中不断探索和完善共建共治共享的社会治理制度，培育和再造“社会生活的基础秩序”，让每个人都能感受到自己是社会治理的参与者和受益者。

加强和创新社会治理，关键在于构建一个良好发育和有效运转的社会自组织系统。这一系统不仅应当充满活力，促进社会的多元共生与和谐发展；同时还应保持秩序井然，确保社会的稳定与安宁。只有这样，我们才能真正实现社会治理体制的创新与超越，让社会在更高的水平上运转起来。

三、社会治理的特征

社会治理可区分为两种主要的驱动力模式：一是问题导向型治理；二是精英引领型治理。问题导向型治理主要源于特定地区发生的重大群体性事件，以这些事件作为催化剂，促使当地社会治理体系进行深刻的调整与优化，迫使地方政府在直面挑战、应对压力与危机的过程中，探索并实践社会治理的创新路径。精英引领型治理强调地方领导层的强烈责任感与使命感，他们基于为人民服务的宗旨，主动承担起推动社会治理创新的责任，通过前瞻性的规划与执行，引领社会治理向更加高效、公正的方向发展。

在实际操作层面，这两种驱动力模式并非孤立存在，而是常常相互交织、共同作用。地方社会治理的变革往往既是对现实问题的积极回应，也离不开领导层的高瞻远瞩与有力推动，形成了二者相辅相成的复杂局面。

社会治理的终极追求在于维护社会整体的平稳运行，促进社会各领域的和谐共生。其基础使命涵盖协调复杂社会关系、有效应对并解决社会问题、规范社会成员行为准则、积极防御并管理社会风险、高效化解社会矛盾冲突、促进社会公平正义的实现，以及维护并巩固社会的和谐稳定状态，从而营造一个既充满活力又不失秩序的社会发展生态环境。

（1）倡导在党委领导、政府主导下，社会与公众等多元力量协同参与，摒弃单一政府依赖模式，实现治理主体的多元化与互动性。

（2）强调综合治理策略，灵活整合法律、行政措施、经济激励与道德引导等多种手段，以全面、系统地调整与平衡社会各利益群体的关系，避免过度依赖行政干预的局限性。

（3）坚持以法治原则为核心，倡导以法治思维和法治手段作为社会治理的基石，摒弃传统人治观念，确保社会治理的规范性与权威性。

（4）注重源头治理与根本性解决方案的探索，强调预防性治理思维，力求在问题萌芽阶段即予以化解，而非采取问题发生后的被动应对策略。

四、深化社会治理的意义

在社会治理的实务探索中，深化社会治理不仅是践行以人为本理念、强化党的执政效能构建的关键步骤，更是对中国特色社会主义制度体系的拓展与深化。构建并完善高效、系统的社会治理架构、运作机制及规范体系，旨在实施一种更为有序的社会治理模式，此举对于促进社会的整体融合、激发社会各界的创新潜能具有深远影响。同时，它还有以下作用：其一，它是调和多元利益格局、有效缓解社会矛盾冲突的有效手段；其二，它在调节收入分配结构、捍卫社会公平正义方面亦发挥着不可或缺的作用；其三，它还为社会安全的保障、社会稳定的维护提供了坚实的支撑，是推动社会持续进步、达成社会和谐愿景的核心驱动力。

在社会治理的语境下，治理被视为实现服务目标的途径与手段，而服务则构成了治理的终极旨归。虽然为确保社会服务的有效供给，适度的规制与审批机制及相应的治理架构不可或缺，但这些措施的核心目的在于优化服务效能，而非本末倒置地以治理为目的。因此，推动社会治理创新的关键在于深化服务意识、提升服务质量并致力于公共服务的优化与完善。

本质上，社会治理的有效性体现在人民群众的广泛参与与自主创造，真正的社会稳定亦是社会成员共同努力与协作的成果。不过，激发社会公众参与社会治理的积极性并促进其成熟发展是一个循序渐进的过程。从公众由沉默转向表达意愿，这标志着社会参与意识的觉醒与进步；但如何以更加理性、建设性的方式参与社会治理，则成为提升治理效果的关键。随着越来越多的社会公众以更加成熟理性的态度融入社会治理进程，社会治理的成效也必将日益显著。

第二节　社会治理的目标与主客体

一、社会治理的目标

由社会管理向社会治理的转型深刻地体现了治理理念的根本性跃迁，并伴随着治理主体多元化及治理手段综合化的深刻变革。这一过程要求构建政府、市场、法律、文化等多维度主体协同参与的治理框架。社会治理的目标体系蕴含双重维度：其一，实践层面追求的是多元社会力量的整合与协作，以实现社会共治的实践图景；其二，价值层面则致力于社会公共利益的最大化，旨在达成善治的理想状态。从深层次看，提升社会治理的科学化水平，关键在于加强社会治理的体制机制创新、法律法规完善、专业人才队伍构建、治理能力提升以及信息化平台的建设。在此过程中，政府的核心职责聚焦于强化基层社会治理与服务体系建设，引导社会组织规范化发展，激发民众参与社会治理的热情，优化公共服务供给模式，增强城乡社区的服务效能，并明确企事业单位与人民团体在社会治理与服务中的责任担当。[①]

（一）关于社会治理目标的具体分析

1.促进社会稳定

社会稳定指的是社会在发展过程中维持的一种动态平衡与连续性状态，避免全局性的政治动荡与社会不安。在社会发展进程中，“发展”被视为推动进步的根本动力，而“稳定”则是这一进程得以持续进行的基石与必要条件。创新社会治理策略的核心目标之一即在于维护并强化这种社会稳定状态。

社会稳定的表现形式可划分为静态稳定与动态稳定两种模式。静态稳定倾向于采取较为刚性的手段，通过直接压制矛盾冲突来维持表面的平静，但这种方式往往难以从根本上解决问题，并且可能积累潜在的社会张力。而动态稳定则倡导一种更为开放与包容的治理理念，它鼓励社会各界充分表达意见与诉求，为矛盾的发现、分析与解决提供了更为广阔的空间与渠道。这种稳定模式不仅有助于及时有效地疏导社会矛盾，还能促进社会的自我调适与和谐发展，是现代社会追求的更为理想且常态化的稳定状态。

2.维护社会公正

社会治理的第二个核心目标是促进社会公平、维护社会正义，社会公正是构建和谐社会不可或缺的基石，同时也是衡量社会公平价值实现的最低标准。它不仅作为一种价值导向存在，还深刻融入制度架构之中，其核心在于确保社会成员间权利与义务的均衡分配。

为了实现社会公正，第一，要构建社会公正保障体系，该体系需依托立法、监督、执行及引导等多重机制，以保障每位社会成员的基本权益不受侵犯。第二，针对关乎民众福祉的重大议题，必须秉持公正原则进行处理。公正性可从两个维度考量：一是制度设计的公正性，即确保规则本身的公平与合理性；二是民众感知的公正性，公众的认知与评价是衡量公正与否的最终

① 孙丽.社会治理理论与实践探索研究[M].长春：吉林人民出版社，2021：5-10.

标尺，民众认可的公正才是真正意义上的公正。第三，构建具有中国特色的福利制度体系也是关键一环。在传统观念中，“不患寡而患不均”的理念已逐渐转变为“既患寡又患不均”的双重关注。这要求相关部门在保障福利性收入与保障性收入有效分配的基础上要深入解决初次分配与再分配过程中的公平问题，以确保社会资源的合理流动与均衡配置。

3.提升社会治理效能

社会治理效能是衡量社会治理水平高低的重要标准，提升社会治理效能意味着在保障社会稳定与和谐的基础上进一步提高社会治理的效率与质量。这要求我们在社会治理过程中，注重运用现代科技手段，创新治理方式与方法，优化治理流程与环节，确保社会治理活动能够高效、精准地回应社会需求与问题。

4.规范群众诉求表达、利益协调、权益保障等通道

社会治理的核心在于服务人民、造福人民，规范群众诉求表达、利益协调、权益保障通道，是保障人民群众合法权益、促进社会公平正义的重要举措，这要求在社会治理过程中建立健全群众参与机制与监督机制，确保人民群众能够有序、有效地表达自己的诉求与意愿。另外，还要加强利益协调与权益保障工作，及时化解社会矛盾与冲突，维护社会和谐稳定。

（二）实现社会治理目标的具体任务

1.规范社会行为，立法与道德建设双轨并行

规范社会行为是指依据社会惯例、伦理道德及法律规范，为全体社会成员确立一套普遍遵循的行为准则，以此来稳固社会秩序，促进社会稳定。为此，需不断完善社会规范体系，通过立法与道德建设双轨并行，明确界定并引导社会成员的行为边界。另外，还需要将行为规范教育纳入国民教育体系之中，使之成为塑造公民行为习惯、强化社会规范意识的重要途径。

2.化解社会矛盾，利益协调与综合治理并进

要想明显化解社会中的一些矛盾，一是需建立健全利益协调机制，确保各利益群体间能够和谐共存，减少冲突发生；二是需要构建一个综合性的治

理平台，高效整合行政、司法、人民及社会组织等多方调解力量，形成合力，以科学有效的方式化解社会内部矛盾。

3.构建社会风险管理体系，强化“一案三制”

鉴于当前我国正处于社会风险高发与潜在危险并存的阶段，亟须构建一套涵盖源头防控与动态响应的社会风险管理体系。自党的十八大以来，我国已强化以“一案三制”为核心的应急管理体系建设，其中“一案”指代详尽的应急预案，“三制”分别指向应急管理体制的完善、应急响应机制的健全以及应急法律法规的制定与执行，三者相辅相成，共同构成了应对社会风险的坚实防线。

4.协调社会关系，促进多元阶层和谐共融

社会和谐犹如一曲交响乐章，其旋律构建于多元社会阶层的和谐共奏之上。鉴于各阶层间利益纠葛与冲突的固有性，如何艺术性地平衡这些差异、化解潜在冲突，构成了社会治理领域的一项迫切议题。具体来讲，这涵盖了四大关键子任务：（1）均衡社会各阶层的利益分配；（2）协调城市与乡村之间的利益格局；（3）促进不同区域间利益的和谐共生；（4）妥善管理并调和劳动者与雇主之间的权益关系。

5.解决社会问题，推动社会全面进步

社会进步的本质在于不断回应并克服时代抛出的难题。解决当前面临的各种社会问题，努力做到以下几点是重点：（1）加速推进城镇化战略，重构城乡二元结构，确保迁移劳动力（如进城农民工）实现身份转换，实现其经济角色与社会地位的统一；（2）强化劳资关系治理，优化就业结构，扭转资本与劳动力量对比失衡，切实保障劳动者权益；（3）通过缩减社会底层与中下阶层比例，并着力培育壮大中产阶层，以构建更为均衡合理的社会阶层结构；（4）深化收入分配制度改革，优化收入分配架构，致力于解决收入分配不公问题，增加劳动所得在总收入中的占比。

二、社会治理的主客体

社会治理是国家或社会机构为维持社会秩序与促进社会系统和谐演进而实施的一种有组织的管理与调节活动，主要是为了确保社会秩序的稳健运行，推动社会各要素间实现均衡与协同发展。在此框架下，社会调控的主体架构由调控主体及其机构网络共同构成，形成一个复杂的组织体系；其调控对象则广泛涵盖了人力、物力、财力及各项事务，这些要素交织于社会活动、生活实践及社会关系之中，共同构建了一个既源自社会系统内在逻辑又受外部环境深刻影响的复杂社会生活系统。在党的十八届三中全会上，一种新型的社会治理观念被明确提出，该观念倡导社会治理体制的创新，致力于构建更为高效与适应性的社会治理模型，并倡导社会治理手法的革新。具体而言，它强调系统性治理的坚持，党委领导力的强化，政府主导作用的发挥，以及社会各界参与的广泛鼓励与支持，旨在促进政府治理、社会自我调节与居民自治三者间的良性互动与互补。社会治理理念的核心精髓在于治理主体的多元化构建，即政府、非政府组织、企业、事业单位以及居民个人等多元行动者共同参与到社会治理的过程中来。这些主体通过构建基于相互信任与合作的伙伴关系，依据法律法规框架，为社会提供必要的公共服务，规范社会成员的行为准则，保障其合法权益，调和内部矛盾与冲突，有效管理社会事务，最终实现公共利益的最大化目标。

（一）社会治理的主体

1.执政党

在社会治理的多维格局中，执政党起着无可替代的核心引领作用。作为国家的领航者，执政党不仅需要从宏观视角统筹社会治理的全局，还需要精准协调各方力量，确保社会治理进程的稳健与高效。执政党的职责在于规划社会治理蓝图，坚守正确的政治航向，特别是在推进社会主义和谐社会构建的征途上，需敏锐捕捉并妥善解决那些具有全局性、战略性、根本性、关键性影响的重大问题。

随着市场经济体制的深化转型，社会生活形态日益多元化，经济结构的多样性与利益格局的复杂化并存，社会组织网络亦随之扩张。这一系列变迁深刻重塑了人们的思想观念、社会结构以及利益分配格局。在此背景下，执政党更应彰显其核心主体作用，通过强化政治领导力，激活社会整合的强大潜能，精准平衡各方利益，构建和谐共生的社会关系网络，以最大限度地保障广大民众的根本利益。

2.政府

政府作为社会治理体系中的核心主体之一，其首要职责在于提供坚实的物质基础，同时肩负起社会治理与公共服务的双重使命，包括但不限于环境质量的维护以及市场秩序的监管，还要持续致力于民生福祉的提升，通过供给公共产品与服务来满足社会的基本需求。在党委的统筹指导下，政府需积极贯彻党的社会治理理念与政策导向，致力于维护社会公平正义、调和矛盾冲突、巩固社会秩序稳定，并激发社会的内在活力与创新潜能。

关于政府在社会治理中的定位问题，关键在于清晰界定其职责边界，有效避免“职能越界”与“职责缺失”的现象。为此，政府应逐步实现从“管理型政府”向“服务型政府”的深刻转型，即在社会组织具备自我解决能力的领域内，减少不必要的行政干预，让市场与社会机制发挥更大作用；在涉及社会政策制定、社会保障体系构建、社会治理法治化进程等关键领域，政府则需充分展现其职能优势，积极作为，确保政策的有效实施与社会治理目标的顺利达成。

3.社会组织与市场组织

社会组织与市场组织构成了社会治理不可或缺的两大支柱，它们不仅是政府治理体系中的关键辅助者与紧密合作者，还能够在政府难以触及的领域发挥独特作用。社会组织依据其性质可细分为公益性与互益性两类，前者惠及全体社会成员，后者则聚焦于其成员群体。我国社会组织以其自发性、民间性、公益性、自愿性及自律性等特征，在多个领域内搭建起政府与社会间沟通协作的桥梁，对于维护社会稳定、强化社会自治能力、提升政府治理效能具有不可估量的价值。近年来，社会组织在自然灾害应对（如抗洪抢险、抗震救灾）及大型公益慈善活动中的积极参与，彰显了其高度的专业性、独立性与灵活性，往往能在危机初现时迅速响应，为救援行动赢得宝贵时间。

而政府因需遵循既定程序进行跨部门协调与资源调配，可能在初期响应速度上稍显滞后，从而凸显了社会组织在此类情境下的独特优势。

市场组织，尤其是企业，作为社会治理的另一重要主体，同样肩负着广泛的社会责任。这些责任涵盖但不限于以下几点：（1）构建良好的公司治理结构与道德标准；（2）对员工与顾客负责，遵循社会伦理与法律法规；（3）积极履行环境责任，确保经营活动符合可持续发展原则；（4）对社会发展作出特殊贡献，如创造就业机会、缴纳税金、生产满足民众生活需求的商品等。如今，市场组织在承接政府职能转移、参与社会管理、提供公共服务方面的角色日益凸显，这标志着国家治理体系中社会力量的崛起，预示着社会组织将与政府行政力量、市场经济力量携手并进，共同承担起国家治理的艰巨任务。①

（二）社会治理的客体

1.社会生活

社会生活这一概念在学术探讨中可细分为广义与狭义两个层面。广义上，它涵盖了人类社会所有物质生产与精神文化活动的总和；狭义上，它特指除却物质生产活动及社会组织公共领域之外，民众在日常生活中所经历的种种社会现象与行为。社会生活以其内在的社会关系网络为基础，交织着组织结构、人口动态、劳动分工、自然环境、沟通机制等多重要素，遵循既定的社会规范与制度体系，共同塑造了一个有序且复杂的社会演进过程。

社会生活中蕴含着社会阶层的多样性与差异性，随着经济发展的浪潮，一部分群体通过不同途径积累了社会资源，率先实现了经济上的相对富裕；而另一部分群体则可能因多种因素限制，尚未达到相对富裕阶段。这种资源占有的不均衡，直接导致了社会阶层的分化，形成了各具特色的阶层结构与利益群体。在社会生活中，不同阶层间的民众与组织在利益分配格局、生活方式选择、价值观念体系等方面展现出迥异的面貌，进而因资源分配的不平等而触发矛盾与冲突。在此背景下，基层民众普遍呼吁构建一个更为合理、

① 孙丽.社会治理理论与实践探索研究[M].长春：吉林人民出版社，2021：5-10.

公正的社会阶层结构，旨在调和多元利益主体间的矛盾，确保改革发展的成果能够惠及全体社会成员，实现共同繁荣与进步。

2.社会事务

随着改革进程的深入，社会事务的广度和深度均呈现出显著的增长态势，其触角已延伸至社会的各个维度，包括但不限于经济结构的战略性调整、社会阶层的日益分化、就业模式的深刻变革、分配机制的持续优化以及思想观念的全面解放等。这一系列复杂多变的社会现象均对治理实践提出了更为精细化和针对性的要求，使社会事务治理的复杂程度与难度均有所提升。

多种所有制经济并存的新格局不仅激发了市场活力，促进了人口的自由流动与就业机会的多元化，同时也对社会事务治理提出了新的课题。各类就业群体在地理空间（城市间、城乡间）、经济领域、职业类别及工作单位之间的频繁迁移与转换，构成了社会治理中一道独特的风景线，同时也对城市的综合管理能力提出了严峻考验。尤为值得关注的是，部分群体可能因种种原因未能有效融入现有的社会治理体系，成为治理过程中的“边缘地带”或“盲区”，这一现象反映了社会治理的复杂性与艰巨性。

第三节　社会治理的路径与方略

一、社会治理的路径

当前，我国正处于全面深化改革的关键时期，社会治理各领域面临着诸多亟待攻克的复杂社会问题。党的十八届三中全会以高度的创新精神，明确提出并阐释了社会治理体制创新的理念与长远目标。回顾中华人民共和国成立以来，我国社会治理体制的建设历程，其核心路径始终遵循着“从群众中来，到群众中去”的深刻逻辑。但是，当前部分领导干部在群众工作方法上遭遇认知与技能上的双重挑战，普遍感受到在新时代背景下，社会治理工作的难度显著上升，具体表现为：柔性策略失效，刚性手段盛行，传统方法失灵，新兴策略不熟。这种困惑的根源实则是对新时代群众工作效能的深刻反思以及对现行社会治理机制适应性与有效性的广泛质疑。要想创新社会治理的路径，关键在于推动治理模式的根本性转型，即从单一维度的线性治理模式向多元化、交互性的共同治理架构转变。此过程要求为基层自治组织创设有利环境，促进其自我管理与服务能力的提升，具体表现为构建文化活动中心、文化广场、民众阅览室等公共活动空间，促进公共空间的开放与共享。另外，还需明确界定基层社会组织在法律框架下的独立主体地位，并厘清社会组织管理与党组织管理之间的界限与协同关系。进一步而言，社会组织应实现从“被动服从”到“主动协同”的角色转变，积极参与社会治理进程。政府及其下辖的人民团体和社会组织需建立健全意见反馈机制，认真倾听并吸纳组织成员的意见与建议，对潜在的社会矛盾与问题进行前瞻性引导，特别是在维护权益、调处纠纷等方面发挥核心作用。这一转变旨在推动社会治理方式的根本性变革，即从传统的政府主导型治理迈向政府与社会多元主体协同共治的新范式。综上，为更有效地推进社会治理模式的创新与完善，需强化以下几方面的工作。

（一）规范社会治理制度

实现社会治理的制度化，需要革新社会治理的体制框架，从而将社会治理活动提升至制度化、常规化、标准化及系统化的新高度，以此确保社会治理进程的连续性与稳定性。社会规范往往通过法律与道德双重维度的行为准则来引导和规制个体行为，促进社会稳定。这一过程融合了自律、互律与他律的多元机制，旨在将社会成员的行为导向共识性的行为标准，既捍卫社会公共利益，也尊重个体的合法权益，从而营造出一个集体意志和谐统一与个人情感自由表达并存的社会环境。此举旨在从根源上识别并缓解潜在的社会不稳定因素，利用制度化的手段强化政府与民众之间的沟通与联系，构建高效顺畅的民意表达渠道，有效保障人民权益。同时，还要建立健全重大决策的社会稳定风险评估机制与全面的公共安全体系，以确保社会整体处于和谐稳定的发展轨道之上。

（二）强化开放协同治理机制

在全球经济深度融合、区域合作日益紧密、社会信息化加速推进的宏观背景下，各类风险展现出更强的跨界流动性和相互关联性。为有效应对这一挑战，必须强化部门间、地区间及组织间的开放协同治理机制。各地区及相关部门需构建完善的工作制度与协作框架，摒弃狭隘的部门利益观念，整合各类资源，聚焦于设施互联互通、信息开放共享、力量高效统筹及资源优化配置。同时，还要加强程序对接、工作协同、区域合作与条块互补，以系统性、整体性和协同性的视角，增强社会治理的综合效能，形成强大的社会治理合力。

为进一步完善社会治理体系，需明确并优化治理主体及其职能，构建以政府为核心引导、多方主体广泛参与的合作共治模式。在此框架下应坚持党政领导与依法行政的基本原则，将更多社会性事务与服务性功能交由社会组织与公众承担，以激发社会活力。

（三）聚焦民众关切的核心议题

在创新社会治理模式的进程中，核心在于强化源头治理策略，秉持在发展过程中解决问题的理念，同步推动经济、政治、社会及文化等多维度的建设与发展。民生议题作为民众最为迫切的关注点，构成了社会治理最主要的内容。政府应加速构建并优化社会救助体系，实现城乡社会保险制度的无缝对接，持续扩大社会保险的覆盖范围，有效应对城乡居民在医疗、养老、失业、工伤及生育保险等方面的需求，从而提升整体社会保障水平。

在实践操作中，应致力于实现社会公平正义，特别关注并及时援助困难群体，同时加强对进城务工人员及社会弱势群体的综合支持，涵盖医疗、教育、子女安置、住房等公共服务领域，以提升其生活质量。针对农民群体，需切实解决其面临的土地流失、就业困难及社会保障不足等现实问题，以推动社会平等与分配正义的实现。

（四）优化政府在社会治理中的功能

政府应调整并强化自身在社会治理中的引领角色，聚焦于促进社会公平正义、激发社会组织活力、优化社会关系、有效化解社会矛盾、维护社会稳定、增进民生福祉、加强公共服务供给、保障公共安全以及提供制度支撑与营造和谐社会环境等核心职能。同时，还应逐步减少政府在微观管理层面的事务性负担，将日常管理与服务、专业培训等职能交由社会组织承担，以充分发挥其专业优势与协同治理能力。

政府在社会治理领域的核心使命应聚焦于积极倡导并引导社会治理领域的创新活动与实践，通过融合合理的调控机制与恰当的激励机制，对社会治理进程实施前瞻性的引导与规范化的管理，旨在构建一个高效且优质的社会治理生态系统。在治理实践的具体操作中，应秉持激发而非抑制社会活力的原则，高度重视沟通渠道的畅通与协调机制的完善，确保在决策与行动过程中能够全面考量并兼顾各方利益主体的诉求与关切。

积极推进政府职能转型，即由全能型政府向有限、服务、透明及法治型政府迈进。此转型要求政府治理策略由传统的直接管控转变为调控、引导、互动、协商、服务与整合并重的模式，实现从垂直管理到与政府与社会横向协作的治理模式的深刻变革，强调社会共治的核心价值，以替代过往对政府单一主导作用的过度依赖。

（五）发挥社会组织在社会治理中的积极作用

拓宽社会组织参与领域，通过政府购买服务等形式，激励其在扶贫救助、志愿服务、养老服务、就业促进等领域的发展，实现社会组织在社会各领域的广泛覆盖与深入参与。从政策层面给予有力支持，如实施税收优惠、建立孵化基地、推广政府购买社会组织专业服务等举措，助力社会组织健康成长与壮大。推进政府职能向社会组织的有序转移，将服务、协调、技术等公共管理事务交由社会组织承担，采用政府资助、社会组织运营管理的合作模式。同时，建立健全准入与竞争机制，激励社会组织不断提升自身能力与服务水平，提高社会组织参与政府社会服务的准入标准，确保服务质量与效率。

当前，社区社会组织参与社会治理已有不少成功的案例，需重视并加以积极引导。这里有两个关键点：一是健全社会组织参与社会治理的培育机制；二是加强社区社会组织参与社会治理的专业能力建设。创新社区社会组织培育机制就是要调动非正式社会资源参与，使社会组织服务有抓手、有基础。党的二十大报告指出，“要健全城乡社区治理体系，及时把矛盾纠纷化解在基层、化解在萌芽状态”。社区社会组织有着得天独厚的社会参与优势，有着自洽性、自愿性、非营利性的自然属性，可通过社区社会组织夯实邻里互助基础，建立邻里支持及居民互助支持体系。城乡社区治理的关键在于引导居民树立自治的理念，自主回应居民差异化、分散化、个性化的服务需求，建立自下而上的基层事务协商机制，提升社会治理的自治性。社区社会组织为居民参与公共事务提供了组织化的参与平台，自洽性地满足社区需求，有利于完善与社区多元主体协同治理的互动机制，有利于激活社区志愿者网络及社区内外资源。专业能力是社区社会组织参与基层社会治理的核心。基层社会治理中所呈现问题的复杂性对社区社会组织提出了较高的专业要求。当前，广大社区社会组织工作人员的专业化程度还远远不能满足社会治理的需要。从专业角度看，其专业能力主要包括专业技能、项目设计与管理能力、组织运营能力、资金筹集能力、社区规划能力等，这是社区社会组织的核心竞争力。当务之急是着力开展多层次、多领域的学习培训，形成理论与实践相结合、内培与外训相结合的人才培养模式，加快培育发展出以社会工作者为支撑、以社区志愿者为依托的社区社会组织人才队伍。

（六）鼓励公众积极参与社会治理

公众参与是社会治理不可或缺的一环，只有让人民群众成为社会治理的积极参与者，才能真正实现社会治理的民主化、科学化。为此，应拓宽公众参与渠道，鼓励和支持人民群众通过各种方式参与社会治理。当然，还要加强公民教育，提高公众的社会责任感和参与意识，培养公民精神和社会责任感。通过公众参与，可以汇聚民智民力，激发社会治理的活力与创造力。

解决基层社会治理难题，应紧紧围绕群众的需求、解决群众关注的焦点去发力；应紧扣关键，胸怀大众，切实让老百姓成为基层社会治理的主体主角，有效提升治理效能。老百姓既是基层社会治理的参与者，也是基层社会治理的受益者，要让他们当好社会治理的主角，就要多鼓“人人的事、人人办”的干劲，多做“聚民智、集民力”的实事，以最大限度地调动和激发老百姓的主观能动性和创造力。同时，也要紧盯高校、医院、企业、社区等不同部位，聚焦经济发展、平安法治、民生福祉等层面，着眼于服务老百姓，发挥党员引导作用，鼓励其自发性和自主性，引导老百姓主动参与基层社会治理。此外，还要通过支部带领其他组织、党员带动老百姓的形式，提升老百姓参与基层社会治理的广度和深度。总之，要尊重群众、信任老百姓，充分发挥老百姓的主体作用，让他们与党员一起参与和谐社区、幸福乡村、乡村振兴等重点工作，把党的政治主张变成老百姓的自觉行动，走出一条以上率下、齐心协力的基层社会治理之路。

（七）注重社会治理的科学化

在迈向社会治理现代化与科学化的征途中，需秉持综合施策、创新融合的理念，深度融入民主法治与科技创新的元素，以全面提升社会治理的社会化、法治化、智能化及专业化程度。其中，第一，应深化社会主义民主建设，拓宽公民参与政治的渠道，确保其参与过程理性、合法且有序。这要求持续优化网络民意征集体系与协商互动平台，强化社会共识的凝聚，进而提升社会治理的社会化与法治化层次。第二，应高度重视科技创新在社会治理领域的应用价值，特别是网络技术与大数据分析等新兴技术的融入。通过打破传统权力结构下的利益固化壁垒，促进网络资源的统筹整合与标准化管理，实现数据的开放共享，以此提升社会治理的智能化水平，增强对各类社会风险的预测、预警与预防能力。第三，应用大数据，做到快捷治理。着力搭建城乡基层智慧治理云平台。运用大数据、卫星、遥感、云计算、移动互联网、人工智能、地理信息等新技术新方法，进行高敏感度风险感知建模，提升社会风险识别、预警、应对的智能化水平。扎实推进共享型“城乡基层治理公共资源大数据平台”建设，加快推进“一网通办”“一网统管”两张网建设。加快推进智慧社区建设。加快人工智能、大数据、5G、区块链等与社区治理和服务体系的深度融合，以社区微脑助力智慧社区建设。第四，基础性制度建设亦不容忽视。需构建并完善信用管理体系，建立健全信任机制与责任追究机制，同时强化评估监督与信息交流机制，以打造透明高效的社会治理模式。这一系列的制度建设将为诚信社会的构建与社会治理整体水平的提升奠定坚实的基础。

二、社会治理的方略

（一）多元共治：构建社会治理新格局

加强社会治理需要各大社会主体的全面参与，多元主体共同融入社会治理体系，能有效拓展社会治理路径，为社会治理提供强有力的支撑。社会治理要迈向现代化，要求打破传统单一主体的治理模式，转向政府、市场、社会等多方参与的多元共治格局。政府应作为主导者，制定规则、提供公共服务并维护市场秩序；市场通过资源配置效率的提升，促进经济发展和社会进步；社会组织、企业和公民个人则作为重要参与者，发挥各自优势，共同参与社会治理。这种多元共治的模式能够有效整合社会资源，形成治理合力，提高社会治理的效率和效果。

第一，从政府角度来讲，要正确划分权责范围，明确各自的角色定位。在多元共治模式下，政府的主体作用并未被削弱，而是经过权责边界的明晰和角色定位的调整，逐步转型为“有限政府”。政府仍要发挥掌控者的角色，通过政策制定、顶层设计，组织引领各主体参与社会治理事业。政府要发挥资源整合者角色，为各主体发展提供政策与资源支持帮助。政府要发挥监督者角色，以保证各主体公平、高效参与社会治理。政府也要充分尊重多元主体的正确利益诉求与客观现实需求，真正实现转型发展与社会和谐善治。

第二，从社会组织角度来说，应提供多样化的公共服务，发挥好社会矛盾调节器的作用。实践证明，社会组织在社会救助、社区服务等领域扮演着重要角色。社会组织应在社会治理中承担好自身的职责任务，如征集群众需求和愿望，为其争取合法权益利益，做好政府与居民需求的对接，减少社会矛盾；积极整合社会资源为弱势群体提供必要的公益服务，补充政府公共服务中的不足。

第三，从市场组织角度来说，市场在资源、人才及科技等方面的统筹、运作灵活、高效，优势明显，是社会治理的重要主体。市场组织可利用PPP模式与政府合作，积极参与到文化旅游、农业开发、乡村振兴、体育设施、市场流通等具体事务中，以此降低市场组织投资风险，增加大学生就业机会。

（二）法治建设：奠定社会治理的基石

法治是国家治理的基本形式，是保障社会公平正义、维护社会秩序稳定的根本途径。为加速国家治理体系的现代化转型，首先要做的便是促进社会治理领域的法治化进程，进而提升社会治理的法治化效能。以习近平同志为核心的党中央，对法治建设给予了前所未有的重视，倡导并实践法治国家、法治政府、法治社会三位一体的综合建设路径，这一战略部署不仅为社会治理体制的创新指明了方向，也提出了新的时代课题与标准，因此从根本上而言，法治作为国家治理的基本形态，其深入实施与不断完善，是实现社会治理现代化不可或缺的先决条件与内在要求。

1.科学立法，完善社会治理法律体系

优质法律是高效治理的先决条件，在推动社会治理能力与体系现代化的进程中，必须秉持立法先行的原则，实施科学立法策略，全面完善覆盖社会各领域的法律框架，确保法律法规的时效性、系统性、精确性和实效性。一是要提升社会领域立法的优先级，坚持科学性与民主性并重，通过系统性规划与分阶段实施，明确责任分工，及时修订滞后于时代需求的法律法规与机制，加速关键领域的立法进程，力求在最短时间内构建起具有中国特色的、相对完备的社会治理法治体系。二是继续依据《法治政府建设实施纲要（2015—2020年）》精神要义，通过法律手段明确界定社会治理参与各方（包括政府、社会组织、公民等）的权利边界、职责范围及操作程序，制定权力清单，清晰划分政府与社会之间的界限，精准定位各自角色，以此促进社会治理权责关系的明晰化与法治化，进而提升治理效能，构建政府善治、社会协同治理与基层自治和谐共生的治理格局。三是在立法过程中应广泛听取并整合社会各界的意见与建议，特别是要关注并保障弱势群体的利益诉求，通过民主协商机制形成能够广泛代表社会成员利益的立法方案，确保法律能够体现最广大人民的根本意愿与利益。四是应将社会治理实践中积累的有效经验与成功做法，通过立法形式转化为长期稳定的制度规范，进一步完善法律法规体系，为社会治理的主体、方式、范围等提供明确且可操作的法

律依据，从而强化社会治理的法治化根基。①

2.依法治理，构筑社会安全防护网

在法治框架内深化社会治理的法治化进程，需创新执法体制机制，优化执法流程，强化综合执法能力，并严格落实执法责任，只有这样才能构建出一个权责清晰、高效权威的依法治理体系，以此作为社会安全防护的坚实网络。

要将法治素养与依法履职能力纳入干部考核的关键维度，确保党政领导干部始终恪守法治原则，不触碰法律红线。国家行政机关应恪守依法行政原则，确保法定职责得到切实履行，同时避免超越法定权限的行为，推动各级政府事权向规范化、法治化方向迈进，实现治理流程的法治化转型。

司法机关则需秉持公正司法理念，持续提升执法质量、效率及公信力，以法治手段解决关乎民众切身利益的民生难题，打破既得利益格局，激发社会创新活力，确保社会在相对和谐稳定的状态下持续发展。同时，还需要运用法治思维进行舆情研判，促进社会各界共同参与和谐社会的构建，共享经济发展成果，从而在全社会范围内培育尊崇法律、信仰法治的精神氛围，为法治社会的最终实现奠定坚实基础。因此，采用法治方式推进社会治理，不仅是贯彻依法治国方略的具体实践，也是提升社会治理效能、实现社会治理现代化的重要保障。

3.遵纪守法，增强全民法治观念

法律的权威源自人民的内心拥护和真诚信仰，第一，要将全民法治教育与守法实践视为推进全面依法治国的基石性、持续性工程，通过多维度、深层次的法治宣传教育活动使人们摒弃传统的管控思维定式，强化合作与协商的法治理念，激发民众学习法律、尊崇法律、遵守法律、运用法律的自觉性，使法治观念与精神深植于心、落实于行，从而在全社会范围内塑造起稳固的法治信仰与文化，使法治思维成为公众思维模式的内在组成部分与自觉认同。第二，要积极引导民众形成自觉守法的习惯，鼓励其在面对问题时首

① 孙丽.社会治理理论与实践探索研究[M].长春：吉林人民出版社，2021：5-10.

先寻求法律途径解决，将法治作为维护自身权益、表达合理诉求的首要选择，不断提升全民依法办事的能力与水平，确保法治理念贯穿于社会治理的每一个环节，使之成为社会治理的主导模式。第三，这种法治意识的深化应体现在日常行为之中，通过尊重法律的至高无上地位，树立法律面前人人平等的信念，确保所有社会行为均在法律框架内有序进行，任何在法律框架内的合理诉求均能得到公正合法的回应与处理，从而进一步巩固法治的权威性与公信力。

（三）道德柔力，强化社会治理新生态

中国这一承载着数千年深厚文化底蕴的礼仪国度历来强调道德的内在感召力，践行“以德治国”的方略，这一理念深刻植根于中国社会的历史脉络之中。社会治理的现代化进程本质上乃是制度创新与个体素质提升的双重奏响，尽管健全的制度架构是不可或缺的支撑，但社会治理难题的根源性解决终究依赖于个体自我道德约束的觉醒与强化。随着社会治理实践的不断深化，道德以其非强制性的柔性特质，如同细水长流般贯穿于治理过程的每一环节，广泛渗透并积极参与至社会治理的多元化维度，逐步成为社会治理体系中不可或缺的内生要素，发挥着不可替代的作用。因此，深入探究道德与社会治理之间的内在关联，剖析在社会治理机制中融入道德规范要素，乃至道德对于推动国家治理体系和治理能力现代化所蕴含的重大价值，具有深远的学术意义与实践指导价值。

1.道德引领下的多元治理主体协同机制

社会治理的本质在于广泛的社会参与和协作，在中国社会治理的语境下，党政引领与多元主体协同构成了其独特优势与鲜明特色。为促使多元主体有效融入社会治理进程，需确保这些主体不仅获得民众的广泛认同，还需具备一定的权威性，而这种权威性的构建应根植于公众的道德评判体系，而非单纯依赖行政力量的强制推动。

当前，中国社会呼唤着道德治理的多元主体在保持相对自主性与独立性的同时能够形成紧密的合作关系，共同构建一种基于和谐、自律与自治原则的制度化治理框架。这一框架应灵活运用多种策略，充分发挥道德作为柔性

力量的制约与激励作用，以促进社会治理的深化与发展。

2.规范引导社会行为

处于社会转型关键期的中国，其道德风貌与道德挑战同现，展现出一幅复杂而多维的图景：感动与忧虑并存，谴责与反思交织，希望与挑战同在。随着民生需求的全面升级及市场经济环境的深刻变革，人们的价值观念经历着显著变迁，而相应的社会道德体系与诚信机制的建设却未能及时跟进，显露出一定的滞后性。针对个人利益追求行为的有效约束与监督机制尚不健全，社会治理与监控技术的提升也未能充分满足复杂社会现实的需求。

道德广泛作用于社会生活的各个领域，深刻影响着人们的思维与行为模式，进而界定并影响着社会治理的边界与成效。它不仅直接规范社会成员的具体行动，更在深层次上凝聚社会共识，从而为社会治理营造了积极向上的价值导向与和谐氛围，也为社会治理提供了坚实的价值支撑与实践基础。

在国家治理体系与治理能力现代化的背景下，社会治理领域内的多元主体并存，使利益诉求多元化、社会关系复杂化，社会运行的风险性显著增加。道德作为社会调控机制中不可或缺的一环，通过激发主体的道德自觉与自律精神，提升个体与社会的道德水准，能够从正面引导与规范社会行为，促进治理主体间的和谐与合作，有效缓解社会张力，减少不确定性因素，化解潜在风险，稳固社会结构，从而为社会治理实践的稳步推进提供有力保障。

3.助力社会制度体系的稳健运作

在国家治理的宏阔图景中，社会治理占据核心地位，其制度的健康运行构成了国家治理体系与治理能力现代化进程的关键环节。社会制度框架不仅囊括了明确的成文法规与法律体系，还深刻嵌入了诸多非正式的约束机制，即那些由道德约束力、社会禁忌、习惯传统及行为准则等构成的“隐性制度”。道德作为这一隐性制度的核心要素，以其独特的柔性约束力，为社会治理奠定了坚实的道德基础，并与政治制度相辅相成，共同维系着社会治理的和谐秩序。

道德以无形的力量内嵌于社会治理的各项制度之中，通过激发个体的道德自觉与良知可以形成强大的内在驱动力与约束力，引导并规范社会成员的行为选择，促使其积极践行社会治理的既定目标。同时，道德还能借助社会舆论与道德评价的力量，广泛渗透至社会生活的各个角落，对人们的行为进行引导、约束与规范，展现出其独特的社会治理效能。

道德不仅是社会秩序的守护者，更是制度创新与变革的推动者。它与其他正式制度相互补充，共同驱动社会治理实践的深入发展。缺乏道德底蕴的法律制度，不仅难以构建出完善的法律体系，更无法真正发挥法律应有的社会治理功能，因此道德观念与内容的与时俱进对于适应社会发展需求、完善社会治理体系具有重要意义。

在当前时代背景下，我国应紧密围绕创新、协调、绿色、开放、共享的新发展理念，致力于促进公平正义、提升人民福祉。通过鼓励和支持社会各界参与制定和完善市民公约、乡规民约、行业规范及团体规章等，能实现自我约束与自我管理，从而进一步规范社会成员的行为，充分发挥多元社会规范的积极作用。

（四）文化引领：凝聚社会治理共识

文化引领，就是通过文化的力量来引导社会风尚、塑造价值观念、凝聚社会共识。它不仅是对传统文化的传承与弘扬，更是对现代文明成果的吸纳与融合，形成具有时代特色的文化体系。这种文化体系既包含了对真善美的追求，也体现了对公平正义、诚信友善等社会主义核心价值观的坚守。文化作为社会成员共同的精神家园，能够跨越地域、阶层、民族等界限，将人们紧密地联系在一起。通过文化引领，可以激发人们对共同价值观念的认同与追求，形成强大的社会凝聚力，从而为社会治理提供坚实的群众基础。

1.提升社会文明程度

文化具有教化人心、规范行为的功能。通过弘扬优秀传统文化中的道德伦理观念，可以引导人们树立正确的世界观、人生观和价值观，自觉抵制不良风气的侵蚀，提升全社会的文明程度。文化引领有助于构建和谐的人际关系和社会环境，在文化的熏陶下，人们更容易形成相互尊重、理解包容的心态，减少矛盾和冲突的发生。文化还能为社会治理提供柔性支持，通过文化调解、心理疏导等方式，能有效化解社会矛盾。

2.弘扬优秀传统文化

一方面，可以深入挖掘和整理优秀传统文化的精髓，通过举办文化节、展览、讲座等形式，广泛传播优秀传统文化的价值理念，从而增强人们的文化自信和价值认同。另一方面，可以积极鼓励文化创作和文化产业的繁荣发展，培育一批具有时代精神和创新能力的文化人才和文化企业，从而推动文化产品和服务的创新升级，满足人民群众日益增长的精神文化需求。

（五）科技赋能：提升社会治理效能

随着信息技术的飞速发展，科技已成为社会治理的重要支撑。通过大数据、云计算、人工智能等现代科技手段，可以实现对社会运行状态的实时监测、精准分析和科学预测，为政府决策提供有力支持。科技赋能还能推动社会治理模式的创新，如智慧城市建设、网格化管理等，提高社会治理的智能化、精细化水平。另外，科技还能在公共服务、公共安全等领域发挥重要作用，以提升社会治理的整体效能。

1.攻克核心科技壁垒，引领社会治理迭代演进

在当代科技浪潮的迅猛推进与广泛渗透下，我国经济社会面貌正经历着前所未有的深刻转型，这一转型必然引致社会治理领域的多维度、深层次变革，包括治理对象、内容范畴、核心理念及实施策略的根本性重构。当前，我国科技创新战略已从单纯的跟随模式迈向了跟随、并跑乃至领跑的多元化发展阶段，预示着一场新的科技革命与产业变革的蓬勃兴起。面对此背景，我国应秉持问题导向原则，立足国情实际，精准制定科技跟进与突破策略，要有所侧重、有所舍弃，集中优势资源攻克高端通用芯片、集成电路核心装备、宽带移动通信等关键技术瓶颈，同时致力于在量子通信、智能制造与机器人技术、脑科学等前沿领域实现重大突破，并积极探索区块链、“身份链”等新型“治理科技”的创新应用。

科技创新的目的之一在于惠及民生，因此需充分利用科技进步的最新成果，赋能我国社会治理体系，从而加速社会治理模式的转型升级。这要求我国政府应精准识别并把握科技手段在社会治理创新中的关键切入点，促进科技创新与社会治理创新的深度融合，从而优化社会治理职能配置，推动治理

机制的深刻变革，以提升社会治理的整体效能与层次。进一步来讲，应强化科技创新与社会治理的协同发展，依托信息化手段推动社会治理体系和治理能力的现代化进程，利用信息技术高效感知社会动态、拓宽沟通渠道、辅助科学决策、强化安全保障、解决社会问题，以此驱动社会治理的深刻变革，实现我国社会治理的飞跃性发展。

2.深度融合，强化信息基础设施架构

在工业文明的辉煌篇章中，分工的精细化是其核心驱动力，而步入互联网时代，融合与互联则成为新时代的关键词，体现为信息的无缝流通与资源的全面共享。面对经济全球化、区域合作深化以及社会全面信息化的趋势，风险的跨界传播与相互关联愈发显著，这迫切要求我国政府深化对分散信息资源的整合力度，并着力强化信息基础设施的建设。

第一，聚焦于信息基础设施的全方位升级，推动信息资源的深度整合与高效利用。应依托政府数据资源，构建统一的数据共享与交换平台，完善跨区域、跨部门、跨层级的协同机制，促进条块间的深度融合，进而构筑起全国范围内的信息资源共享网络。

第二，积极探索社会资源的优化整合路径，鼓励企业、行业协会、科研机构及社会组织等多元主体积极参与数据的采集与开放，打破数据孤岛，实现治理资源由传统的单一分散模式向多元整合模式的转变，激发社会治理的活力与潜力。

第三，高度重视设施联通、信息互通、资源共享与程序对接的协同效应，促进线上线下治理模式的深度融合与互补互促。这一举措不仅能增强社会治理的系统性、整体性与协同性，还能为构建更加智慧、高效、包容的社会治理体系奠定坚实的基础。

3.深化社会治理法治化进程，构建“扁平化、开放式”管理服务体系与协同治理新生态

为达成社会治理的现代化转型，需组建一个“扁平化、开放式”的管理服务团队，该团队应能打破传统层级壁垒，促进信息的快速流通与资源的有效配置。应进一步统筹规划电子政务的发展蓝图，构建集成化的在线服务管理平台，实现服务流程的标准化与智能化。在此基础上，分级分类地推动新

型智慧城市的建设，确保这些城市能够成为服务人民、解决问题的前沿阵地，让科技之光惠及每一个民众。

新技术革命的丰硕成果应被充分利用以拓宽民众参与社会治理的渠道与方式。网络民主、电子民主等新型民主形式的推广，不仅优化了治理结构，还激发了新的治理资源的活力，因此需搭建起基层社区多元主体参与民主协商的制度框架，确保公共服务与民生需求之间的无缝对接，使民情民意能够直接上传至决策层，从而有效解决服务群众“最后一公里”的难题，让社会治理的成效真正惠及广大民众。

第四节　农村社会治理的理念与维度

一、农村社会治理的理念

（一）共建共治共享的社会治理格局

共建强调社会各方共同参与社会建设，在农村社会治理中这意味着政府、社会组织、农民等各方应共同参与农村的基础设施建设、产业发展、公共服务提升等各项工作，形成合力，推动农村社会的全面发展。

共治即共同参与社会治理，这要求在农村社会治理过程中，各主体应积极参与社会治理活动，共同维护农村社会秩序，解决社会问题。通过加强沟通、协商和合作，实现农村社会治理的民主化、科学化和法治化。

共享即共同享有治理成果，农村社会治理的最终目的是让广大农民群众共享发展成果，提高他们的生活水平和幸福感，因此在农村社会治理过程中应注重保障农民的合法权益，确保他们能够平等地享有教育、医疗、养老等公共服务资源。

（二）贯彻实施乡村振兴战略

自我国改革开放以来，社会经济领域取得的显著进步与成就广受瞩目，民众的精神文化生活展现出和谐共进的态势，居民生活质量持续攀升，并催生了民众对更加美好生活的深切向往。但是，在肯定成就的同时，也需正视发展中存在的不均衡、不充分现象，诸如城乡发展差距扩大、农村地区发展相对滞后等问题日益凸显，特别是在国家倡导的“工业化、信息化、城镇化、农业现代化协调并进”的战略布局中，农业现代化成为亟待加强的薄弱环节，农村与农民议题依旧构成全面建成小康社会进程中的关键挑战。在此背景下，习近平总书记在党的十九大报告中高瞻远瞩地提出了“乡村振兴战略”，此举为乡村未来的蜕变与农村面貌的革新绘制了清晰蓝图，指明了农村实现农业繁荣、农民增收的方法。这不仅是农村基于自身独特优势向现代化转型的深刻实践，也是迈向全面建成小康社会、构筑社会主义现代化国家宏伟蓝图的战略要务。因此，乡村振兴战略的实施，不仅是农村发展的迫切需求，更是国家整体发展战略中的重要一环，肩负着深远的历史使命，蕴含着丰富的时代价值。乡村振兴的实现离不开有效的社会治理，所以在农村社会治理过程中，应坚持自治、法治、德治相结合的原则，建立健全党委领导、政府负责、社会协同、公众参与、法治保障的现代乡村社会治理体制。通过加强基层组织建设、推进民主建设、促进经济发展、维护社会稳定和保护生态环境等方面的工作，实现农村社会的和谐稳定、发展进步和人民幸福。

二、农村社会治理的维度

（一）农村社会治理的历史维度

自古以来，农村与城镇作为社会治理体系中的相对薄弱区域，尤其在中国社会结构中显得尤为突出。农村治理的演变实质上是小农经济模式逐步挣脱宗族（或族群）框架束缚，实现社会群体重新构建的过程。在传统农村治理的初始形态中，宗族（或族群）扮演着核心角色，其治理逻辑主要依托于“家法族规”及族长权威，实现了内部生成性资源的整合与社会秩序的维护，这是传统农村治理模式的雏形展现。[①]

① 林瑜胜.提升农村社会治理成效的四个维度[J].农村·农业·农民，2019（2B）：41-42.

自春秋战国时期起，随着土地私有化的加速推进及家户制度的广泛确立，以家户为基本单位的农村治理机制逐渐成为基层社会治理的基石。在这一时期，农村治理体系中的法治与德治（或礼治）原则并行不悖，共同构成了社会治理的基本维度。农村治理的实践往往倾向于政府主导的单向性事务管理。

进入明清时期，“皇权不下县”的政治策略促使农村自治空间显著扩展，农村精英阶层，尤其是乡绅群体，作为连接国家权力与乡村社会的桥梁，逐渐承担起准官员的角色，形成了具有鲜明特色的农村治理模式。此后，以保甲制度为代表的农村治理人事机制进一步巩固了农村自治与国家治理之间的桥梁作用，特别是乡绅名贤在农村治理中的深度参与，最终奠定了传统农村治理格局的基本框架。

（二）农村社会治理的政治维度

在推进农村治理体系和治理能力现代化的进程中，首要任务是以构建社会协同共治机制为基石，对基层权力结构进行战略性调整，确保农村基层党组织能够有效起到社会治理中协调中枢的作用。这一治理涵盖以下三个核心层面。

一是深化农村基层党组织对社会治理理念的认识。从“管理”向“治理”的转变，不仅是对行为模式的调整，更是权力观念的深刻变革。农村基层党组织需从传统的命令执行者转变为农村社会结构中的平等参与主体，积极适应并践行新的权利义务平衡关系。

二是增强农村居民在社会治理中的参与能力和参与意识。农村基层组织应充分利用村民大会、村民代表会议以及社会组织参与平台，提升农村居民的权利意识与责任意识，培养其参与村级事务管理的能力。通过引导农村居民积极参与农村经济社会发展的规划与决策，使农村社会治理真正成为农民自我管理的过程，从而激发农村社会的内在活力与创造力。

三是优化农村基层党组织的权力配置格局。在传统社会管理模式下，村党支部往往承担了过多的管理职能，一定程度上削弱了村委会的自治能力。为实现有效的社会治理，村党支部应强化党的领导作用，同时积极促进村委会自治职能的发挥，实现从管理者向服务者的角色转换。另外，还应拓宽参与渠道，鼓励并吸纳农村社会组织和居民参与到基层党组织的权力运作中，以确保决策过程的科学性与民主性。

（三）农村社会治理的经济维度

针对农村经济体系的构建不应简单套用规模经济或家庭经济的单一模式，亦不应盲目摒弃手工生产，而应基于地方经济传统、农业生产条件及人力资源禀赋，采取因地制宜的发展策略，避免对外部经验的盲目复制。经济治理核心在于激发农村经济内在活力，通过灵活多样地融合规模经济与家庭经营、工业化与生态化、传统农业与信息化等多种经济形态，实现发展要素的跨层次整合。在此过程中，需兼顾农村生态环境的保护，高效利用人力资源与物质资源，追求经济发展模式的最优化配置。特别是在国家精准扶贫战略的指引下，农村贫困地区经济发展应成为社会治理的焦点，避免形式主义倾向，即打着扶贫旗号，不切实际地引入外地扶贫模式；不要未经充分论证便仓促实施扶贫项目，以免引发新的资源浪费与生态退化。农村经济发展与贫困人口脱贫应超越传统资源消耗型增长模式，树立环境友好型发展的新理念，将生态环境视为生产力的重要组成部分，确立生态财富观。

（四）农村社会治理的文化维度

当前，我国农村地区正处于文化转型的关键时期，农耕文化、工业文化及信息文化等多种文化形态交织并存，展现出此消彼长的动态特征。农耕文化以其守望相助的特质为核心，而工业文化与信息文化则强调公平与效率的价值取向。随着农耕文化影响力的逐渐减弱，传统农村社会中的和谐互助、诚信友爱的价值观受到了现代权利义务观念及功利主义思想的挑战，导致农村社会关系中利益导向增强，农耕文化的内敛性特质趋于淡化，转而向追求效率、平等与权利的现代文化范式靠拢。

面对农村文化形态的这一深刻变化，农村社会治理应秉持开放包容与创新发展的原则，深入挖掘农耕文化中蕴含的互助合作精神，使之与社会主义核心价值观中的“诚信”与“友善”理念相契合；同时，还要提炼工业文化与信息文化中的公平效率精髓，与社会主义核心价值观的“平等”与“公正”要求相呼应。应通过社会主义核心价值观的引领，促进不同文化类型在农村社会的有机融合，推动农村文化的全面转型，构建一种既强调公平效率，又注重互助合作的新型农村文化生态，从而有效地指导农村居民的生产生活实践，促进农村社会的和谐稳定与可持续发展。[①]

（五）农村社会治理的技术维度

在推进农村治理的现代化进程中，应深度挖掘并有效利用网络信息技术与数字化时代的先进资源，旨在显著提升农村社会治理的效能与效率。具体而言，可以构建一个集在籍村民与村级管理者于一体的综合性信息交互平台，通过携手专业的互联网技术服务团队，共同研发一款集高效治理、便捷信息流通于一体的智慧型“微政务”App，缩减农村日常事务与问题处理的时滞，从技术维度加速决策层与执行层的响应机制，确保能够及时响应村民关切，迅速部署并解决实际难题。该平台应成为政策信息传递的“快车道”，确保国家及地方政策能够第一时间精准推送至每一个村民，实现政策信息的无缝对接与高效传播。它也应成为农村治理信息的“集散地”，有效收集并整合来自基层的治理反馈与数据情报，为科学决策与精准施策提供坚实的数据支撑，从而全面增强农村治理的智能化、精细化水平。

（六）农村社会治理的心理维度

随着城镇化进程的加速与城乡差距的持续扩大，农村居民的社会心理状态正经历着改变。农村空心化现象的加剧及精英人口的外流，导致农村居民心理趋向保守、封闭与自卑；同时，城镇化、工业化及信息化的辉煌成就在某种程度上加剧了农村居民面对社会变迁的无力感；而农村内部“先富效应”的显现则对传统平均主义心理构成了显著冲击。在此背景下，农村居民的心理状态正处于由传统保守向现代开放转型的关键阶段，表现出对农村的复杂情感——既眷恋又逃离。

农村治理体系与治理能力的现代化进程，迫切需要吸纳具备现代心理素质的新型农民力量。这些新型农民需具备更加积极、开放与自信的心理特

① 林瑜胜.提升农村社会治理成效的四个维度[J].农村·农业·农民，2019（2B）：41-42.

质，以更清晰的视角规划个人生产与生活，更科学地审视城乡发展差距，并更从容地迎接现代生活方式带来的挑战。为实现这一目标，应确立以推动农村地区政治、经济、文化全面发展为核心的社会治理策略，旨在通过资源的优化配置与重新分配，重塑农村居民的心理资本。具体来说，一是应致力于提升农村社会生产力，增加农村居民的物质资源支配能力，从而增强其经济自由感与自信心；二是应不断深化农村基层民主建设，拓宽农村居民参与村级事务决策的渠道，激发其政治权利行使的意愿；三是需加强农村文化发展的机制建设，提升农村居民的文化服务资源获取能力，丰富其文化体验，促进其文化素养与心理韧性的同步提升。

第五节　乡村振兴背景下农村社会治理的挑战与出路

习近平总书记在党的十九大报告中提出了乡村振兴战略。该战略深刻揭示了农业农村农民议题作为国家经济社会稳定与发展的基石性地位，强调需将“三农”难题的破解置于全党工作战略高度的核心位置。报告也阐述了强化农村基层治理基础的紧迫性，倡导构建集自治、法治与德治于一体的综合性乡村治理体系，旨在促进一个全民参与、协同治理、成果共享的社会治理新生态。鉴于我国当前正处于社会结构深刻变革与城镇化进程快速推进的历史阶段，一系列社会问题随之浮现，尤为显著的是基层公共服务供给体系的不完善。随着城镇化浪潮的席卷，众多农村优秀人才向城市迁移，导致农村地区普遍遭遇治理效能下滑的挑战。同时，受限于资源与能力，乡镇政府在提供高质量农村公共服务方面显得力不从心，进而限制了农民群体获取公共服务的广度和深度。为此，借鉴吸收发达国家公共治理理论，助推我国农村社会治理实践必要且重要。通过这一方式，能有效提升农村公共服务的供给效率与质量，较快实现农村社会治理的全民性、共建性、共治性与共享性，从而构建起更加和谐、包容与可持续的乡村发展格局。

一、乡村振兴背景下农村社会治理的挑战

乡村振兴战略要达成的目标是：农业产业繁荣、生态环境宜人、乡土文化昌盛、社会治理高效、农民生活富足。建立完善的农村社会治理体系是实现乡村振兴战略目标的支柱之一。乡村振兴战略的深入实施既是构建农村社会治理体系、实现我国治理能力现代化的关键措施，也是建设和谐社会的根本手段。当前农村社会治理中面临的挑战依然不容忽视且颇为严峻，在实施乡村振兴战略的过程中必须清醒地认识到农村社会治理中存在的各类问题并视其解决为同步推进全面建成小康社会建设的关键一环，这对于维护社会整体进步与繁荣具有不可估量的意义。①

（一）乡镇政府运行不畅

村民自治制度的初衷在于最大限度地减少对农村社会经济生活的行政干预，旨在通过《中华人民共和国宪法》赋予的民主权利，让农民群众能够自主管理和服务自身事务，从而构建一种基于自我实现的社会政治制度。但是，在实际的治理实践中，由于中央集权体制的垂直管理结构与目标责任考核机制的双重作用，乡镇政府面临着来自上级政府的强大压力，特别是那些需由村民直接承担的任务指标。为了有效应对这一压力，并确保各项任务能够按时按量完成，乡镇政府不得不将其行政职能延伸至乡村层面，从而加强对村级组织，特别是村民委员会的渗透、指导和调控。这种行为模式虽然在一定程度上保障了上级政策的贯彻执行，但也导致了行政权力的过度扩张与乡镇政府自身运作效能的受阻。乡镇政府在压力型行政体制下，其运行机制往往偏离原有的自治导向，陷入行政干预与自治管理的矛盾之中，这是当前农村治理模式面临的一大挑战，同时也揭示了乡镇政府在平衡上级要求与村民自治需求方面所存在的深层次困境。

---

① 陈茜.乡村振兴背景下的农村社会治理研究[J].理论与当代，2019（9）：18-20.

（二）农村社会治理体系不完善

受制于传统思想观念及文化惯性的束缚，当前农村社会治理体系在构建上呈现出显著的不足，缺乏一套系统化、科学化的管理机制来有效指导农村社会事务的管理实践。特别是在矛盾纠纷的调处领域，缺乏完善的矛盾纠纷管理体系，未能实现对农村人口社会矛盾纠纷信息的全面收集、整理与分析，导致矛盾纠纷数据信息管理的缺失，进而影响了问题解决的系统性和高效性。部分农村地区受限于经济发展水平，难以构建专业化的管理体系，并缺乏必要的信息平台共享机制，这在很大程度上制约了信息资源的有效积累、管理与运用，形成了显著的管理空缺。在民众服务层面，部分基层单位对于农民群众提出的诉求及遭遇的矛盾、社会问题存在响应不足、处理滞后的现象，具体表现为相关工作人员的缺位、部门间协作不畅、处理效率低下以及在处理复杂矛盾时会出现责任推诿的现象，以上种种原因最终加剧了民众办事难的问题，从而严重影响了农村社会治理的效能与公信力。

（三）新时期农民增收遇到新困难

随着社会整体进步与生活标准的逐步提升，农村居民的消费需求亦相应增加，而其主要财产——土地的产出已难以满足日益增长的生活成本。在当前经济背景下，仅凭传统农耕活动（如种植、蔬菜及粮食销售）的收入难以支撑农民的基本生活开支，大量农民外出务工成为必然。有限的教育程度、过低的职业技能，使进城农民只能从事低技能、高强度的体力劳动，尽管月嫂、家政、外卖等少量务工者薪资水平可观，但大多数人缴纳高额生活成本后，余钱已所剩无几。后疫情时期，总体经济水平的下滑、企业用工的萎缩、居民预期消费愿望的疲弱，都显著增加了进城务工人员工资收入的难度。总体来说，四大可支配收入中的工资性收入、经营性收入明显下降。

城镇化进程的加速进一步加剧了农民收入增长的复杂性，随着城市边界的不断扩张，基础设施建设的蓬勃发展，大量农村土地被征用，催生了一个特殊的群体——失地农民。这些农民由于文化素养相对较低且缺乏商业运营经验，因此难以迅速适应并融入城市生活体系，一旦有限的征地补偿金耗尽，他们便可能面临“土地丧失、就业无门”的双重困境，从而进一步加剧了其收入增长的困难与挑战。

（四）农村道德文化建设滞后并对“三农”发展带来制约

在改革开放持续深化与拓展的背景下，国家为激发农业经济的内在活力，制定并实施了一系列旨在促进农业产业化发展的政策措施，但这一进程受到了文化因素制约，农民群体整体文化水平有限、个人素养不够高、农业生产环境趋于恶化、农业科技创新能力不足等共同构成了制约农业产业化的重要因素。农村社会中部分农民还仍存在综合素质发展不均衡的问题，他们倾向于依赖外部支持而非主动进取，缺乏自主发展的动力与奋斗精神。政府在推动农村道德文化建设方面的投入也相对不足，受限于资源条件，农村地区普遍缺乏高质量的文化活动平台与设施，导致思想道德建设在实践中往往被边缘化。这种文化生态的缺失为不良风气的滋生提供了土壤，部分农民沉迷于低俗娱乐、赌博等不良活动中，既损害了个人及家庭的福祉，也对农村社会的整体风气形成了重大的负面影响，增加了解决“三农”问题的难度，提高了巩固拓展脱贫攻坚成果同乡村振兴有效衔接的成本。

（五）农村人才流失严重

在当前社会快速发展与教育普及的背景下，农村地区正面临着严重的人才外流现象，许多受过良好教育、具备高素养与能力的村民选择离开乡村，不再将个人发展寄托于农村土地之上。这一现象导致农村常住人口结构趋于单一，主要由文化程度较低的普通村民、老年人、妇女及儿童组成，他们在参与村庄治理时面临能力限制，难以有效推动村庄事务的繁荣与发展，进而加剧了农村发展的困境与社会治理的挑战。

在农村治理体系中，人才流失的影响表现为两个鲜明对比的极端现象。一方面，在具备发展潜力或经济利益的村庄，村干部职位成为众人竞相角逐的目标，甚至吸引了不少在外发展的精英人士返乡竞选，以期贡献自己的力量并分享发展成果。另一方面，经济相对滞后、发展缓慢的村庄则面临着人才大量外流、村干部岗位吸引力不足的问题。这些村庄往往难以吸引到高素质的治理人才，即便选举产生村干部，其综合素质与领导力也可能不足以有效应对村民的实际需求，难以带领村民实现共同富裕与乡村振兴，从而缺乏群众基础与信任支持。这一现象不仅制约了农村社会治理的效能，也在一定程度上阻碍了农村社会的全面进步与发展。

（六）农村环境治理问题凸显

随着农村经济的蓬勃发展，乡村振兴战略得以深入实施，在这一进程中，环境问题作为乡村治理的关键维度之一，其严峻性不容忽视。习近平同志的“绿水青山就是金山银山”理念深刻揭示了环境保护与经济发展之间的辩证关系，强调了农村环境保护对于可持续发展的重要价值。[①]

当前，农村生产力的快速提升虽为乡村振兴注入了强劲动力，但同时也伴随着环境污染问题的日益严峻，特别是农村生活污水排放量的增加，对农业生产构成了显著威胁。另外，就是畜禽养殖业的快速发展所伴随的大量未经处理的粪便直接排入水体，污染了水源，严重影响了农村居民的生活质量。环境污染的加剧还导致了农村土地肥力下降，对农作物生长构成不利影响，进而威胁到农业生产的稳定性和可持续性。

更为严峻的是，农村地区在教育普及与环境教育方面的滞后使得农民群体的环境保护意识普遍偏低，缺乏必要的环保知识和技能。这种环境意识的淡薄不仅限制了农民主动参与环境保护的积极性，也加剧了农村环境治理的难度和复杂性。

（七）村民委员会角色错位

村民委员会作为依据《中华人民共和国村民委员会组织法》设立的基层群众自治组织，其核心功能在于促进村民的自我管理、教育与服务，践行民主选举、决策、管理及监督的核心理念。该组织负责处理村内公共事务、推进公益事业、调解邻里纠纷并协助维护地方治安，同时作为村民与政府间的桥梁，它还负责传达村民诉求、意见与建议至上级政府。[②]这一制度设计旨在确保国家行政机关不直接干预村民生活，而是通过村民委员会这一自治平

① 郑丽庄.浅析乡村振兴背景下的农村社会治理问题[J].中共太原市委党校学报，2019（5）：49-52.

② 陈茜.乡村振兴背景下的农村社会治理研究[J].理论与当代，2019（9）：18-20.

台实现政府与村民的有效沟通。但是，在实际治理实践中，村民委员会的角色定位往往出现偏差，除了履行其固有的自治职责外，村委会还被迫承担了大量来自乡镇政府的行政任务。由于村委会本质上并非行政机构，缺乏相应的行政权威与资源支持，导致其在执行政府任务时面临诸多困难与挑战，难以确保任务的高效完成。这种“名义自治、实则行政”的双重角色不仅削弱了村委会在村民中的信任基础与支持力度，也模糊了其作为自治组织的本质属性，进而影响了农村基层治理的效能与公信力，如何准确界定并优化村民委员会的职能定位成为当前农村治理领域亟待解决的重要问题。

（八）普通村民在乡村治理中被边缘化

在乡村治理的复杂生态中，普通村民群体往往呈现出显著的边缘化特征，这一现象主要归因于他们法律素养的缺失与公共治理意识的淡薄，导致他们在面对村庄事务时采取一种疏离与漠视的态度，即“旁观者心态”。受限于较低的文化水平与信息获取渠道的限制，尤其是政治信息的匮乏与政治资源的不足，加之组织化程度的低下，普通村民在参与村庄公共事务时常常感受到无力与挫败，进一步加剧了其在治理体系中的边缘地位。在此情况下，普通村民倾向于将自身的政治意愿与利益诉求寄托于少数具备较强政治意识与话语能力的精英身上，这些精英在村庄中扮演着利益代言人的角色，他们通过引导舆论走向，对村庄公共事务的管理产生不可忽视的影响。不过这种依赖关系也潜藏着风险，即当精英的动机与行为偏离公共利益时，普通村民的被动跟随可能导致整个村庄治理方向的偏移，从而损害村庄的整体利益与长远发展。

二、乡村振兴背景下农村社会治理的出路

农村社会的有效治理是国家整体治理体系不可或缺的部分，影响深远，对经济繁荣、政治稳定、文化振兴、社会和谐及生态平衡的全方位发展以及巩固国家长治久安的根基具有至关重要的意义。当前阶段，随着经济社会的全面发展与乡村振兴的纵深推进，农村治理仍面临一系列亟待攻坚解决的难题，为有效应对这些挑战，需从根本性、源头性层面着手，秉持系统性、法

治化、综合化的治理理念，积极探索并构建契合农村社会实际情况的新型治理体系，以期实现农村治理效能的全面跃升。

（一）加快农业产业繁荣发展，促进农民有效增收

农业是农村经济的命脉，也是乡村振兴的基础。加快农业产业繁荣发展，是提升农村社会治理水平、促进农民有效增收的重要途径。为促进农村农业产业的发展，具体可以采取以下措施。第一，优化农业产业结构，推动传统农业向现代农业转型，大力发展特色种植业、养殖业以及农产品加工业，延长产业链，提升附加值。第二，利用现代科技手段，如智慧农业、互联网+农业等，提高农业生产效率和质量，拓宽农产品销售渠道，实现产销对接，减少中间环节，增加农民收入。第三，注重农业品牌建设，培育一批具有市场竞争力的农产品品牌，提升农产品的知名度和美誉度，进一步拓宽农民增收渠道。第四，不断提高乡村产业比较效益。建立完善农业支持保护制度，健全种粮农民收益保障机制，增强种粮农民信心和预期，确保农民种粮能挣钱、多挣钱。同时，也要努力促进农村一二三产业融合发展，完善联农带农益农的新机制，把产业增值收益更多留在农村、留给农民。第五，全面促进农村劳动力高质量就业，推动发展就业容纳力强的县域富民产业，为农民提供更多高质量、收益好的、身边的工作机会。同时，也要持续推进高素质农民培育计划，支持农村创业，提高农民自我发展能力。

（二）构建“三农”工作队伍，做好人才支撑保障

人才是乡村振兴的第一资源，构建一支高素质、专业化的“三农”工作队伍，是农村社会治理的重要保障。第一，要加强农村基层党组织的建设，选拔和培养一批懂农业、爱农村、爱农民的优秀干部，充分发挥他们在乡村振兴中的领导核心作用。第二，要完善农村人才引进和培养机制，吸引各类专业人才返乡创业，如农业科技人才、乡村规划师、乡村医生等，为农村发展注入新鲜血液。同时，也要积极发挥农业专业合作社、产业化龙头企业、行业协会、社会化服务组织等新型经营主体在农村实用人才培养中的“孵化器”作用。第三，做好农村带头实用人才的示范培训工作。重点向新型职业农民和新型农业经营主体倾斜，向贫困地区倾斜，向绿色发展、创业创新等

重要主题集中，不断增强培训的精准度和实效性，逐步培养一支有影响力、成长力、带动力和辐射力的带头人队伍。第四，创新建立农业职业技能等级认定制度，加强职业技能培训，弘扬工匠精神，促进农业技能人才培养，建设技能型、创新型、知识型农业劳动大军，从而有效提升农业劳动者职业技能和水平。

（三）大力发展文化体育事业，提高农民综合素质

文化体育事业是农村社会治理的精神动力和文化支撑，大力发展农村文化体育事业，不仅能丰富农民的精神文化生活，还能有效提升农民的综合素质，促进农村社会的和谐稳定。具体来说，可以从以下几方面来发展文化体育事业。第一，加强农村公共文化设施建设，如农家书屋、文化广场、体育设施等，为农民提供便捷的文化体育服务。第二，组织丰富多彩的文化体育活动，如农民文化节、体育比赛等，激发农民参与热情，增强集体荣誉感和归属感。第三，注重挖掘和传承农村优秀传统文化，弘扬社会主义核心价值观，培育文明乡风、良好家风、淳朴民风，为乡村振兴营造积极向上的文化氛围。第四，切实做好农村文化体育研究工作，向农民提供精准适合的文化体育活动方案。例如，降低群众参与体育锻炼的限定标准，鼓励农民在积极参与体育文化活动的同时培养健身兴趣。鼓励农民在日常生活中融入体育文化活动，使体育文化活动真正被广大农民所接受。从长远来看，要在充分了解乡村振兴战略要求和全民健身目标以及各个乡村的实际状况之后，规划更加富有针对性的体育文化活动项目，使体育文化活动内容变得更加丰富有趣，吸纳更多农村群众的热烈参与，使群众真正从中受到锻炼。

（四）积极构建绿色生态观，加强农村生态环境建设

绿色生态是乡村振兴的底色，也是农村可持续发展的基础。积极构建绿色生态观意味着要将生态文明理念融入农村社会治理的每一个方面：第一，要加强农村生态环境保护法律法规的宣传教育，增强农民的环保意识，让绿色发展成为农民的自觉行动；第二，加大农村环境治理力度，推进农村生活污水、垃圾处理设施建设，改善农村人居环境；第三，要注重农业面源污染治理，推广绿色农业生产方式，减少化肥农药使用量，促进生产过程的清洁

化转型，推动农业废弃物的资源化利用，并构建生态友好型的农业产业模式，保护耕地质量和水资源安全；第四，要积极发展生态农业、循环农业，促进农业资源的高效利用和循环利用，构建人与自然和谐共生的农村生态环境。

“绿水青山就是金山银山”，因此在推动发展的过程中需一直秉持尊重、顺应与保护自然的原则，加速乡村自然资本的增值进程，力求在民众福祉提升与生态环境美化之间达成和谐统一，最终达成农业繁荣、农村景观优美、农民生活富裕的综合性目标。

（五）重塑社会治理模式，提升农村基层治理能力

随着农村社会的快速发展，传统的社会治理模式已难以满足现实需求，重塑社会治理模式、提升农村基层治理能力是农村社会治理的必然要求。一方面，要推动农村社会治理创新，引入现代信息技术手段，如大数据、云计算、物联网等，提高社会治理的智能化、精细化水平。通过建立农村社会治理信息平台，实现信息共享、资源整合和协同治理，提升治理效能。另一方面，要加强农村基层自治组织建设，完善村民自治制度，激发农民参与社会治理的积极性和创造性。通过建立健全村民议事会、监事会等自治组织，保障人民的知情权、参与权、表达权、监督权，推动农村社会治理的民主化、法治化进程。此外，要注重健全完善农村治理效能评价机制。提高农村治理效能，需要不断健全评价机制。注重专门研究机构和一线基层工作者相结合，发挥理论和实践的各自优势，科学构建乡村治理效能评价指标体系，以更加有效的评价机制引导解决乡村治理中的各类问题。同时，聚焦提高人民生活品质完善评价体系，科学评估乡村治理中各种抓手和载体的实效性，实行清单制、积分制等管用方式，引导乡村治理解决好关系老百姓切身利益和生活质量的教育、医疗、基础设施及养老等各类问题，让群众从乡村治理中真正受益。

（六）强化农村基层党组织建设，激活基层治理内生动力

农村基层党组织是农村社会治理的领导核心和战斗堡垒，强化农村基层党组织建设，激活基层治理内生动力，是农村社会治理的根本保障。具体可

以从以下几方面着手。第一，要选优配强农村基层党组织带头人，选拔一批政治素质高、工作能力强、群众基础好的优秀党员担任村党组织书记，发挥他们的示范引领作用。第二，要加强农村党员队伍建设，提高党员素质和能力水平，增强党员队伍的凝聚力和战斗力。通过定期开展党员教育培训、组织生活会等活动，加强党员的思想教育和党性锻炼，使党员成为农村社会治理的先锋模范。第三，要注重发挥农村党员的先锋模范作用，引导他们在乡村振兴中发挥积极作用，带动广大农民群众共同奋斗。第四，应加强农村基层党组织与群众的联系和沟通，及时了解群众诉求和意愿，为群众排忧解难，增强党组织的凝聚力和向心力。第五，基层党员要做好发展农村经济的排头兵。农牧村党员要积极带头学习农牧村实用技术，尤其要结合本村实际发展产业，通过产业这个载体，带动全村共同致富，推动乡村振兴。同时，也可以带头领办、创办农牧业专业合作社，提升农民的组织化程度，采取党员示范、政府扶持、社会帮助等方式，全面提升农村生产力水平。

第二章

我国农村体育发展现状与战略

我国农村体育发展现状表现为基础设施逐步完善，体育活动日益丰富，农民体育意识显著增强。然而，不同地区间发展不平衡问题仍然存在。为此，本章全面审视我国农村体育发展历程，梳理其演变轨迹，科学分析新时期我国农村体育发展的条件、问题与机遇，在此基础上规划了新时期我国农村体育发展的战略框架，主要要素包括加大财政投入、完善体育设施、推广特色体育项目、培养体育人才等，旨在提高农民身体素质，促进乡村振兴与健康中国建设同推进、共发展。

第一节　我国农村体育发展历程

我国农村体育发展经历了多个阶段，并在不同时期显现出不同的特点和成就。

一、新中国成立初期（1949—1957年）

1949年新中国刚刚建立，毛泽东等党的第一代领导人以远大的战略眼光审视到人口的数量、质量与革命建设成功与否的重要关系。毛泽东同志在其著作《论持久战》中明确指出，决定战争胜负的关键在于人而非物质资源。

第一代领导集体非常重视体育在当前和今后对新生的社会主义中国发展壮大的重要性，群众的身体健康和人民体育运动就成为这个时期我国体育工作的重心。

基于特殊的时代背景和国情，广大青年和民兵组织成了这一时期农村体育运动主体。青年发挥了农村体育活动的引领、带动和号召作用。1953年6月24日，时任青年团中央书记的胡耀邦同志在中国新民主主义青年团第二次全国代表大会的工作报告中强调，青年团组织必须动员和组织青年参与各类体育活动和运动竞赛，同时协助和支持体育组织开展群众性的体育活动。同年6月30日，毛泽东主席在接见该次大会主席团时，向全国青年发出了“身体好、学习好、工作好”的号召，这一号召极大地激发了广大农村青年为革命锻炼身体的热情。

解放后较长一段时期，我国农村兴起了广播体操运动，对农村体育运动发展的助推作用重大。1951年11月，中华全国体育总会、教育部和卫生部等九家单位联合发布了《关于推行广播体操活动的联合通知》，指出广播体操是“最基本、最简单、最易于普及的群众体育活动”。同月25日，《人民日报》发表了题为“推广广播体操，大家都来做广播体操”的社论。1951年12月1日，中央人民广播电台正式播出了广播体操的口令和配乐，体操共有八节，新中国第一套广播体操终于诞生。从此以后，每天上午10点钟，全国各地都会在同一时间做广播体操，成为一个时代的难忘记忆。1951年《新体育》杂志第15期发表了短评“大力普及广播体操”，文中指出，在祖国正抗击美帝国主义侵略、急需加强国防和生产建设的关键时期，每一个爱国的人民和青年都应将体操锻炼视为一种爱国的责任，并努力养成每天做体操的习惯。解放后第二年，我国即投入抗美援朝战争。此时，国家一穷二白，物质贫乏，仅有的体育器材堪称“奢侈品”。不需要其他投入的广播体操是非常符合国情的运动手段，对于培养群众体育锻炼意识、增强人民体质发挥了重要作用。

中华人民共和国成立之初，规模性群众体育活动从知识分子和工人开始，主要是以机关单位和厂矿企业干部职工为主，后来逐渐延伸到封闭的农村。解放后，百废待兴的历史阶段，使得我国农村体育运动不具备快速发展的条件和基础，农村体育运动的发展经过了一个慢热的过程。具体来说，新中国农村体育在1954年之前显得比较滞后，处于萌芽状态。1955年7月，毛泽东同志发表了关于农业合作化问题的讲话，提出了实行农业合作化的号召。1955年10月，党的七届六中全会通过了《关于农业合作化问题的决议》，加快了对农业的社会主义改造步伐。这是我党我国历史上一件大事。在农业合作化运动的引领下，农村各项事业蓬勃发展，体育运动成绩斐然。在这个伟大的时期，青年团组织同样在农村体育活动中发挥了组织、引领和带动的关键作用。第二年6月，全国农村体育工作座谈会在北京召开，由国家体委和青年团中央联合组织。这是新中国成立以来我国召开的第一个关于农村体育的会议。会议确定了新中国建立初期农村体育工作的原则，并提出了农村体育工作必须服从生产、坚持业余和自愿原则、开展简单易行的体育活动的方针。此次会议之后，许多省、自治区、直辖市纷纷组织力量深入农村进行调研，建立农民体育组织，使农村体育得到了较快发展。到1957年，全国农村已建立了3万多个基层体育协会，拥有90多万会员，经常参加体育锻炼的人数达到了2000多万人。在这一阶段，还涌现出了一批体育之乡，如广东省的足球之乡梅县、排球之乡台山县（现台山市）、游泳之乡东莞县等。此外，福建省莆田县的田径活动以及延边朝鲜自治州的足球活动也蔚然成风。我国农村体育运动展现出了蓬勃发展的喜人景象。

概括地讲，在党中央的重视下，在国家体委的组织统筹下，加上一些因地制宜措施的跟进，我国农村体育工作有序开展，农民群众的体育活动出现了欣欣向荣的局面。“田间是战场，也是课堂，既是俱乐部，又是体育场，干起活来喜洋洋”，“体育锻炼身体壮，棉粮增产有保障”，“整顿千军万马，宣传声势浩大，体育口号到处刷；不仅村内宣传，田间休息也要抓；达到家喻户晓，人人都来参加”。这是时代流行语，有些提法可能粗糙，但是先鼓足劲、发展好，再规范，这完全符合时代背景和群众的干劲与激情。

二、曲折发展时期（1958—1976年）

从1958年起，受“大跃进”影响，农村体育发展进入停滞期，相应的管理组织体系被破坏，一些体育协会等机构被解散或撤销，组织网络和业余体育运动队被迫解散、群众体育娱乐活动消失。1959年4月，国家体委副主任荣高棠在全国人大二次会议上作了题为“在普及基础上，迅速提升我国体育运动水平”的报告，标志着国家对竞技体育的高度重视与重点投入。1959年3月，第25届世界乒乓球锦标赛在西德的多特蒙德举行，容国团获得男子单打冠军，这是中国运动员获得的第一个世界冠军。之后，1961年4月在北京举行的第26届世乒赛上，中国球队获得3项世界冠军和4项亚军，这是我国成立后举办的第一个世界大赛。1960年5月，中国登山队队员贡布与其他队友从北坡登顶珠穆朗玛峰，这是人类首次从北坡登顶珠峰的伟大壮举。这些难得的成绩，激发了民族自信心，点燃了国民体育热情。初获成功，使人们深深地感到，群众体育对人民群众体质的提高是个长期的过程，而竞技体育却具有显著的政治功能和重要影响力，在洗刷“东亚病夫”、落后贫弱巨大耻辱上发挥更加关键的作用。在这种情况下，我国竞技体育得到了重视和积极发展，但农村体育慢慢式微，在体育总盘子中地位下降。

1959年开始的三年困难时期，是中国经济社会发展历程中一段沉重的回忆。粮食的匮乏，使城乡居民完全陷入了困顿，人民群众参与体育锻炼的动力顷刻消退。体育运动是经济健康发展、社会稳定运行的晴雨表，“风雨过后是彩虹“。随着1964年国民经济的逐渐好转，我国农村体育开始恢复和活跃。在精神生活和物质生活都贫乏的农牧村，体育活动再一次受到了青年农民的欢迎，广大青年在农村体育运动的兴起中又一次发挥了重要作用。1965年2月，共青团中央在长沙召开了全国团的军事体育工作会议，会议强调今年要特别突出地开展直接为国防服务的军事体育活动，以进一步促进青少年的革命化进程，使他们成为能文能武的革命接班人。国民经济的逐渐好转使得一些体育工作举措得以实施，这带来了农村体育短暂发展的好势头。

1966年到1977年，我国农村体育进入了艰难发展的非常时期。政治运动不断、社会动荡不安、公共秩序混乱的局面使城市体育难以持续、稳定发展，城市体育重归沉寂与萧条。但农村体育在逆境中异军突起，仿佛浩瀚的沙漠中浮现出的“片片绿洲”。1967年，中共中央发出了“知识青年到农村去，接受贫下中农再教育”的号召。1968—1978年间，全国共有1623万名城市知识青年来到农牧村。农牧村文化生活是单调贫乏的，填补精神和文化生活的空白，就成了广大青年的迫切需要。从东北的黑土地，到茫茫的内蒙古草原，再到大西北的黄土高坡，这些从城里来到乡下的知识青年普遍表现出对体育活动的热爱与痴迷。他们的热情和活力感染和影响了许多农村青年。于是，农村体育活动出现了内容较为丰富、交流较为频繁的小高潮。当然，各项活动属碎片式、自发式开展，在知识青年劳动之余进行。总体而言，这十年农村体育呈现出“螺旋式上升，波浪式前进”的特点。

三、恢复与稳定发展时期（1977—2005年）

1976年后，各项工作逐步回归正轨，农村体育也逐渐恢复了常态。1978年12月22日，党的第十一届三中全会通过了《农村人民公社工作条例(试行草案)》，其中明确规定要开展业余文艺体育活动，以活跃社员的文化生活，这为农民参与文体活动提供了政策上的支持。1979年，国家体委提出了《关于进一步加强群众体育工作的意见》，制定了新形势下开展群众体育工作的方针、措施和办法，农村体育活动的内容也随之日益丰富。原先的统一组织练习的广播操、生产操、工间操等形式的群众性体育活动，开始向以个人兴趣和自愿参与为基础的跑步、气功、武术等形式的体育活动转变。

1982年1月，国家体委在广西玉林召开了全国农村体育工作座谈会。与会者普遍认为，随着农民经济、社会、生活状况的改善，他们对文化体育生活的需求也有所提高。同年11月，国家体委、文化部、共青团中央在福建龙海县角美公社联合召开了全国农村体育工作会议，制定了新时期农村体育的工作方针与措施。这两次会议标志着我国农村体育进入了一个新的发展阶段。迅速兴起的农村文化中心、文化站、青年之家等将体育活动作为重要内容，推动农民体育朝着阵地化、经常化、多样化的方向发展。

1986年9月，中国农民体育协会的成立是中国农村体育发展史上的一个重要里程碑。它对于广泛团结农民体育积极分子和农村体育工作者，推动农村体育的发展，以及促进广大农村的物质文明和精神文明建设都具有重要意义。中国农民体育协会的成立与国家改革开放的步伐完全合拍。包产到户政策的实施，粮食的连年丰收，使广大农民群众喜上眉梢，为农村体育走上正轨创造了物质基础，农村体育呈现出繁荣向好的喜人景象。改善商品流通，开放集贸市场，放开一部分农产品价格；发展乡镇企业，甚至建立农村合作基金会，雇佣工人，这一系列政策和改革措施的实施，使农村面貌迅速改变，农村现代化步伐加快，尤其是农民生活水平快速提高。老百姓对精神文化生活的需求再次凸显，许多富有地域特色的乡土体育得到恢复。春节期间，广大农村会开展舞狮、扭秧歌、闹社火、耍龙灯等活动；端午节时，赛龙舟影响力很大；日常的放风筝、扭秧歌、太极拳、石担、石锁、武术、气功、踩高跷、踢毽子等活动也积极开展。

1988年10月，第一届全国农民运动会在北京成功举办，这是为了适应广大农民群众日益增长的体育需求。时任国家主席杨尚昆为本届运动会题词："向农民运动会致敬！"全国农民运动会每4年举办一次，项目设置、组织水平、比赛质量、活动效果一届赛过一届。多数省区反馈，"农运会的设项与农时活动相结合，保持了农村特色，这是各省开展农民体育活动的重要参照"。以此为模板，一些省、地、县也纷纷开展了农民体育比赛，这从总体上推动了全国农村体育的持续、健康开展。

1995年，我国颁布了《中华人民共和国体育法》，为群众体育活动提供了强有力的法律保障。同年，我国又颁布实施了《全民健身计划纲要》，并配套实施了"全民健身工程"和"雪炭工程"，这对于改善农村贫困地区体育场地设施起到了极为重要的基础作用。

在全面建设小康社会的新形势下，国家体育总局将2004年定为"农村体育年"，并提出了"生活奔小康，身体要健康"的主题口号，同时确定了以"体育三下乡"为主题的活动。在国家体育总局于江苏淮安举行的全国农村体育年启动仪式上，领导指出："没有农民的小康，就没有中国的全面小康。农民体育、农民健康和农民健身是'三农'课题中的应有之义。"这明确表述了农民体育在我国体育事业中的基础发展地位。

四、新时期的繁荣与发展（2006年至今）

自2005年起，党的十六届五中全会提出了建设社会主义新农村的重大任务，次年，《中共中央国务院关于推进社会主义新农村建设的若干意见》进一步明确，要推进"农民体育健身工程"的实施。国家体育总局随后发布的《关于实施农民体育健身工程的意见》强调，随着我国社会经济的全面发展，农村体育工作的重心已从县级逐渐转移至乡镇，并具备了向村庄延伸的条件。顺应新农村建设的重要历史机遇，从人力、财力、物力等各方面做好扶持，积极开展农村体育场地设施建设，为农牧村体育发展提供强有力的物质和技术支撑，是推动全国体育均衡发展的关键，也是落实“以城带乡、以工促农”政策、缩小城乡差距的根本举措。

实施“农民体育健身工程”，加速农村体育场地设施建设，是构建全民健身服务体系的关键一环。通过政府投资与农民参与投工投劳，将体育场地建设在农民身边，提供基础健身条件，为农村体育组织的建立和活动的开展搭建平台，有目的、有计划地推进农村全民健身服务体系建设，使广大农民能够享受基本的体育服务。在一系列举措的强力支撑下，中国农村体育迈入一个持续、稳定、健康发展的新阶段。

“十一五”期间，根据中共中央、国务院的若干意见，国家体育总局、国家发展和改革委员会、财政部将“农民体育健身工程”作为推进新农村建设的重要举措，体现了党和政府对农村体育事业及农民身体素质提升的重视，为农民健身工程的推进和健身活动的广泛开展提供了政策和法律支持。

评估显示，“十一五”期间农民体育健身工程建设成效显著：五年内建设了231,306个健身工程，覆盖全国36.5%的行政村；新增体育场地面积2.3亿平方米，直接惠及3.3亿人次，农村人均新增场地面积0.7平方米，全国人均新增场地面积近0.2平方米。总投资达118.3亿元，其中地方投入60.60亿元，中央投入12.40亿元，社会投入45.30亿元，超额完成了“十一五”规划的任务。

进入“十二五”时期，《国民经济和社会发展第十二个五年规划纲要》及相关体育事业规划均明确提出继续实施农民体育健身工程。2011年，《全民健身计划（2011—2015年）》印发，要求提高农村居民体育锻炼参与度，加强农村体育设施建设，构建城乡一体化全民健身公共服务体系，增强农村基层体育公共服务能力。至2015年，建成农民体育健身工程的行政村达到全国的50%。

2012年，《“十二五”公共体育设施建设规划》发布，进一步细化了各项目规划，包括《农民体育健身工程组织实施方案（2013—2015年）》，要求到2015年基本实现“县县都有公共体育场”，并大幅提升农村体育设施覆盖率。

据统计，自2011年起，全国共建成237,190个农民体育健身工程，新增体育场地面积2.37亿平方米，惠及3.68亿人，农村人均新增场地面积0.35平方米，全国人均新增0.18平方米。同时，财政部印发了农村文化建设专项资金管理办法，为农村体育活动提供了经费保障。

《国家新型城镇化规划（2014—2020年）》的公布标志着我国新型城镇化建设的全面展开。中国农民体育协会工作会议对农民体育工作进行全面部署，强调其在“三农”工作中的重要作用，要求整合农村文化惠民资源，推动基层公共文化体育设施建设，丰富农民业余文化生活，并做好农民体育宣传工作。

国家体育总局在2014年群众体育工作要点中明确，将继续推进《“十二五”公共体育设施建设规划》的实施，包括农民体育健身工程和“雪炭工程”，并更新维修全民健身路径，结合群众喜爱的体育项目合理布局和建设社区（乡镇）多功能运动场。在新型城镇化建设时期，体育总局将继续实施上述工程，以体育彩票公益金形式投入，支持老少边穷地区体育设施建设，并援建“全民健身活动中心”等项目，超额完成了《全民健身计划（2011—2015年）》设定的任务。

农民体育健身工程作为一项惠民工程，不仅满足了农民的健身需求，提升了群众身体素质，还促进了农村综合治理和环境的改善，推动了新型城镇化和新农村建设，助力社会经济发展。同时，它也是提升农民幸福指数和文明素质、促进社会和谐、建设公共文化服务体系的战略工程，具有深远的政治意义。此外，农民体育健身工程的建设还促进了体育健身组织的建立和健全，推动了全民健身活动的蓬勃发展，深刻改变了人们的思想观念和生活方式。

“十三五”伊始，农业部、国家体育总局发布了《关于进一步加强农民体育工作的指导意见》，将加快发展农民体育事业，切实提高农民身体素质和身心健康，作为实现“两个一百年”奋斗目标的重要内容加以规划和安排。“十三五”期间，我国通过强农补短、重点推进和延伸覆盖，大力推进改革发展和统筹建设，着力补齐农村体育健身公共服务体系短板，努力提升农民体育社会组织服务能力，将农民健身与农民健康有机融合，有效推动了农民体育蓬勃发展。采取了以下重点措施：积极建立覆盖城乡的公共卫生服务体系，建设和利用好农村场地设施，积极实施健康扶贫工程，完善群众身边的健身组织，构建农民身边的健身活动基地，组织开展农民群众身边的赛事活动，培养农村体育人才，营造农民身边的健身文化氛围。

“十三五”末，我国农村体育健身公共服务水平和乡村居民身心健康水平实现了双提升，农民健身公共服务体系基本建立。实现了“农民体育健身工程”行政村全覆盖，农民人均体育健身场地面积达到1.8平方米；实现了80%的行政村有1名以上的社会体育指导员；农民群众体育健身意识普遍增强，农村经常参加体育锻炼人数比例的增长速度高于全国平均水平；农民身体素质稳步增强，国民体质达标和优秀等级比例明显提高；基本健全以农民体育协会为主要形式的农民体育社会组织，政府主导、部门协同、社会参与的农民体育事业发展格局更加明晰，实现了农民体育工作有组织、有人员、有场所、有经费、有活动的发展目标。

第二节　新时期我国农村体育发展的有利条件

一、经济条件改善与投入增加

（一）农村经济持续增长

随着中国整体经济的快速发展，农村经济也实现了持续增长。农民收入水平不断提高，消费能力显著增强，为农村体育的发展提供了坚实的经济基础。农民有更多的可支配收入用于体育消费，如购买运动装备、参与体育培训等，从而促进了农村体育市场的繁荣。

经济条件的改善使得农民群众有更多的时间和精力参与体育活动。农村体育活动的普及程度因此得到提高，各种形式的农民运动会、乡村体育赛事、健身俱乐部等纷纷涌现。这些活动不仅丰富了农民群众的文化生活，还增强了他们的身体素质和健康水平。

农村经济的持续增长还促进了农民体育意识的提升。随着生活水平的提高和健康意识的增强，农民群众越来越认识到体育锻炼的重要性。他们开始积极参与各种体育活动和健身项目，不少人形成了良好的体育锻炼习惯和健康的生活方式。

（二）政府与社会资本投入增加

近年来，国家和地方政府对农村体育的投入力度不断加大，通过财政拨款、专项基金等方式支持农村体育设施建设和活动开展。同时，社会资本也开始关注农村体育市场，通过赞助体育赛事、建设体育设施等方式积极参与农村体育发展。这种多元化的投入机制为农村体育的快速发展提供了有力保障。

政府与社会资本的投入能够直接用于修建和升级农村体育设施，如篮球场、足球场、健身路径、运动中心等，为农民群众提供更完善的运动条件。随着投入的增加，农村体育设施的种类也将更加丰富多样，满足不同年龄、性别、兴趣爱好的农民群众的健身需求。

有了充足的资金支持，地方政府和社会组织可以更有力地组织和推广各类体育活动，如农民运动会、乡村体育赛事、健身俱乐部活动等，提高农民群众的参与度和积极性。政府与社会资本的投入还能支持举办更高水平的体育赛事，吸引更多的观众和参与者，以提升农村体育的知名度和影响力。

二、政策支持与制度保障

国家高度重视农村体育发展，将其纳入乡村振兴战略和健康中国建设的总体布局中。国家通过实施全民健身战略，将农村体育纳入整体发展规划中，旨在提高农民的身体素质和健康水平，促进农村体育事业的全面发展。国家通过出台一系列政策文件，如《关于推进“十四五”农民体育高质量发展的指导意见》《关于推进体育助力乡村振兴的实施方案（2024—2027年）》等，明确了农村体育发展的目标和任务，提出了具体的实施措施和保障政策，为农村体育的发展提供了强有力的政策支持和制度保障。

国家体育总局、农业农村部等多部门联合发文，共同推进体育助力乡村振兴工作。例如，体育总局等12部门发布的《关于推进体育助力乡村振兴工作的指导意见》，明确了指导思想、主要目标和具体行动计划，包括乡村公共健身设施提升、运动健康中心建设、乡村社会体育指导员培养等，为农村体育发展提供了全面的政策保障。

各级政府积极推动农村体育体制机制创新，引入市场机制和社会力量参与农村体育建设和管理。通过政府购买服务、PPP模式等方式，鼓励社会资本投资建设和管理农村体育设施和活动，从而提高农村体育的效率和可持续性。

三、社会结构与人口变化

随着中国社会结构的转型和人口分布的变化，国家对农村地区的关注和支持力度不断加大。一系列关于乡村振兴、体育发展的政策文件相继出台，为农村体育发展提供了强有力的政策保障。这些政策不仅明确了农村体育发展的方向和目标，还通过财政投入、基础设施建设、人才培养等措施，为农村体育注入了新的活力。

农村地区人口众多，尤其是随着城镇化进程的推进，部分外出务工人员选择返乡创业或就业，为农村体育发展提供了充足的人力资源。同时，随着农民生活水平的提高和健康意识的增强，农民群众对体育健身的需求日益增长。这种需求增长为农村体育市场的拓展提供了广阔的空间，也促进了农村体育产业的发展。相较于城市地区，农村地区拥有更为丰富的土地资源。这为农村体育场馆、健身设施的建设提供了得天独厚的条件。通过合理规划布局，可以充分利用农村地区的土地资源，建设一批适合农民群众需求的体育设施，满足农民群众的健身需求。

农村社会关系的转变也为农村体育的发展创造了有利条件。随着农村社区建设的加强和农民组织化程度的提高，农民之间的交往和合作更加频繁。这种社会关系的转变有助于推动农村体育活动的组织和开展，形成积极向上的体育氛围。此外，随着城乡融合发展的深入推进，城乡之间的体育资源交流日益频繁。城市地区的先进体育理念、管理经验和优秀人才不断向农村地区输入，为农村体育的发展注入了新的动力。同时，农村地区也可以借鉴城市地区的成功经验，结合自身实际情况，探索出适合自身发展的体育模式和路径。这种城乡融合与协同发展的态势为农村体育的跨越式发展提供了良好的机遇。

四、文化与精神需求提升

随着中华优秀传统文化的弘扬和传承，农村居民的文化自信显著增强。他们更加珍视和传承本土体育文化，积极参与各种具有地方特色的体育活动。这不仅丰富了农村居民的精神文化生活，还促进了农村体育文化的繁荣发展。

新时期，农民文化水平普遍提高，他们对体育的认知也逐渐增强。农民开始意识到体育不仅是一种身体活动，更是一种文化、一种生活方式，对于提升个人健康、丰富精神生活具有重要作用。这种认知的转变使农民更加积极地参与到体育活动中来，为农村体育的发展奠定了坚实的基础。

在物质需求得到满足的基础上，农村居民对精神追求的需求日益多样化。他们希望通过参与体育活动来增强体质、愉悦身心、陶冶情操。这种多样化的精神追求为农村体育的发展提供了强大的内在动力。广大农民不再满足于传统的、单一的体育活动形式，而是追求更加多样化、个性化的体育体验。这种需求推动了农村体育的多样化发展，促使农村地区开展更多富有创意和特色的体育活动，满足农民群众日益增长的精神文化需求。

农民文化的丰富性和多样性为农村体育的发展提供了宝贵的资源。通过将地方特色文化元素融入体育活动中，可以打造出具有浓郁地方特色的农村体育品牌，提升农村体育的吸引力和影响力。这种文化与体育的融合不仅丰富了农村体育的内涵，也促进了农村体育的特色发展。

农民积极参与体育活动不仅有助于提升个人的身体素质和健康水平，还能增强乡村社会的凝聚力和活力。体育活动成为农民之间交流互动、增进友谊的重要平台，有助于构建和谐、文明的乡村社会氛围。这种社会活力的提升为农村体育的持续发展提供了有力的支撑。

五、科技发展与信息传播

随着科技的飞速发展，各种新技术、新设备不断涌现，为农村体育的发展提供了强有力的技术支持。例如，数字化、智能化技术在农村体育设施中的应用使体育设施更加先进、便捷，提升了农民群众的健身体验。同时，通过科技手段对农民群众进行体育健身指导，可以更加科学、精准地制定个性化的健身方案，提高健身效果。

信息传播技术的快速发展使农村地区的农民群众能够更加方便地获取各种体育信息和资讯。他们可以通过电视、网络、社交媒体等多种渠道了解到国内外最新的体育赛事、健身知识和体育文化，从而拓宽了视野，增长了见识。这种信息传播的广泛性和及时性，激发了农民群众参与体育活动的热情和积极性，推动了农村体育的普及和发展。

科技发展与信息传播的融合为农村体育的创新发展提供了新的思路和途径。通过运用大数据、人工智能等先进技术，可以对农村体育的发展状况进行精准分析，为制定科学的发展规划和政策措施提供依据。同时，还可以利用互联网、移动应用等新媒体平台，开展线上线下的体育互动活动，丰富农村体育的内容和形式，从而提升农民群众的参与度和满意度。

科技的发展还推动了农村体育产业的升级和转型。通过引入高科技产品和服务，可以打造具有特色的农村体育旅游项目，吸引更多的游客前来体验和消费。同时，还可以利用科技手段对农产品进行深加工和包装，推出与体育相关的特色农产品，实现体育与农业的融合发展。这种产业融合不仅提升了农产品的附加值和市场竞争力，也为农村体育的发展注入了新的动力。

信息传播技术的发展使得农村体育文化交流变得更加便捷和广泛。农民群众可以通过网络等渠道与其他地区的体育爱好者进行交流和互动，分享彼此的体育经验和文化成果。这种跨地域的文化交流不仅增进了农民群众之间的友谊和了解，也促进了农村体育文化的传承和发展。

第三节　新时期我国农村体育发展中存在的主要问题

一、农村体育设施建设使用管理存在短板

“城乡二元”结构长期存在的特殊历史背景给公共体育服务体系的建设与发展带来影响。具体情况是，广大农村尤其是西部农村体育基础设施差、底子薄、起步晚，与城市公共体育资源存在明显的差距。离乡镇政府越远的村子，体育设施覆盖越稀少，作用发挥越弱。农村体育设施建设使用管理存在的问题主要表现在以下几个方面。

（一）农村体育设施总量不足

场地人均占有率依然处于较低水平，难以满足农民参与体育锻炼的基本需求。已有体育设施类型单一，趣味性不强，不能有效吸引群众参与到体育锻炼中来。

（二）体育设施分布不平衡

农村体育基础设施的分布存在显著的地区性差异。例如，西部贫困县的乡镇往往缺乏硬化的体育场地和篮球设施，显示出体育基础设施资源结构的不平衡。这种不平衡不仅体现在城乡之间，还体现在不同地形区域之间，如平原地区与山区的差异。同时，“小城镇、街道与新农村社区”的体育设施投入相对密集，而基层行政村的体育设施投入则显得薄弱，导致行政村级别的公共体育资源总量匮乏。

（三）体育设施存在重建设轻管护的现象

室外基础设施的管护常常不到位，缺乏必要的保护措施，导致许多地方的场地器材设施失修严重。这需要地方政府，特别是农民体育健身工程所在地的地方政府高度重视，并采取相应的改进措施。

（四）农村公共体育设施的综合利用率不高

一方面，农村学校周边的社区居民缺乏可用的健身设施；另一方面，学校体育设施在节假日期间往往闲置不用。此外，尽管东南沿海和中部较发达地区的农村体育设施较为充足，但其开放率并不高，主要面向政府和企业开放，而真正面向农民的体育设施数量少且种类单一。

二、农村体育活动开展较少且随意性强

（一）组织与管理缺失

农村体育活动的组织与管理相对滞后。由于缺乏专业的体育组织机构和人员，农村体育活动的组织往往缺乏系统性和规范性。同时，由于资金、人力等资源有限，农村体育活动的宣传、推广和监管也面临诸多困难，导致农村体育活动难以形成持续、稳定的开展机制，影响了活动的普及和深入。

（二）农民体育意识淡薄

农民体育意识的淡薄是制约农村体育活动开展的重要因素之一。受传统观念和经济条件的影响，部分农民对体育活动的认知度不高，认为体育活动是城市人的专利，与农村生活无关。这种观念导致农民参与体育活动的积极性不高，甚至对体育活动持排斥态度。此外，由于缺乏科学的健身指导和宣传引导，农民对体育活动的了解也有限，难以形成正确的体育观念和健身习惯。

（三）活动内容单一

当前农村体育活动的开展内容相对单一，主要以传统的篮球、乒乓球等项目为主。这些项目虽然具有一定的群众基础，但难以满足农民多样化的健身需求。由于缺乏创新和引导，农村体育活动难以引入更多新颖、有趣的项目，导致活动内容缺乏吸引力和新鲜感，从而进一步限制了农民参与体育活动的积极性和热情。

（四）缺乏专业人才

农村体育活动的开展需要专业人才的支持和保障。然而，当前农村地区普遍缺乏专业的体育人才，包括体育教练员、裁判员、社会体育指导员等。这些人才的缺失导致农村体育活动难以得到科学、有效的指导和组织，影响了活动的专业性和规范性，同时也限制了农村体育活动的创新和发展。

三、农村体育社会组织软弱涣散，作用发挥不够

（一）农村体育社会组织管理粗放

社会组织过于依赖行政管理，尚未形成有效的合力。现行管理体制与市场经济运行规律存在矛盾，体育单项运动协会的政府色彩对社会参与和支持体育形成抑制。尽管新农村社区社会组织近年来发展迅速，但自我管理方面的社会体育组织仍然匮乏。

（二）农村体育社会组织运行资金量和使用均存在问题

在资金使用方面，社会组织缺乏整体性和有效性。经费不足是农村基层文体类社会组织面临的主要问题之一，同时存在资金使用不当的问题。

（三）农村体育社会组织带头人培养机制缺失

在文体类社会组织发展中，带头人是关键，但目前缺乏如行政事业单位培养干部那样的机制。虽然在一些领导的讲话中有提及，但没有专门的培养规划与方案，没有专门的人力资金保障，也没有考核、晋升、学习、交流等办法措施，造成说起来很重要、做起来很无力。

（四）农村体育社会组织自主发展能力和创新能力较弱

许多农村体育社会组织过于依赖政府支持和社会捐赠，缺乏自主发展的能力和动力。面对快速变化的社会环境和市场需求，农村体育社会组织往往缺乏创新意识和能力，难以开发出适合农民群众需求的体育产品和服务。

（五）农村体育社会组织发展已经滞后

现有体育单项运动协会的性质、功能不明确，政府行为和社团行为的界限不清晰；其民间性作用未得到充分发挥；县级体育总会编制不足，制约了基层协会的全面发展。[①]

四、农村体育经费投入不足效率不高

（一）资金来源单一且有限

农村体育经费的主要来源通常是地方政府的财政拨款，然而，由于农村经济相对落后，地方政府的财政收入有限，能够投入农村体育的经费往往捉襟见肘。这种单一且有限的资金来源难以满足农村体育设施建设、活动组织、人才培养等多方面的需求。

（二）资金分配不均

即使在有限的经费中，也往往存在分配不均的问题。一些经济条件较好的地区可能会获得更多的体育经费支持，而经济欠发达地区则可能面临经费短缺的困境。这种不均衡的资金分配进一步加剧了农村体育发展的区域差异。

（三）民间资本投入意愿低

尽管民间资本在农村经济发展中扮演着重要角色，但在农村体育领域的投入意愿却相对较低。这主要是由于农村体育市场的规模相对较小，投资回报周期长且风险较大，难以吸引民间资本的关注。同时，由于缺乏有效的引导和政策支持，民间资本也难以找到合适的投资渠道和方式。

---

① 秦尉富.城市化背景下农村体育的多维分析与发展研究[M].北京：新华出版社，2018.

（四）政策落实不到位

虽然国家出台了一系列支持农村体育发展的政策文件，但在实际操作中，政策落实往往不到位。一些地方政府在执行政策时存在打折扣、走形式的现象，导致政策效果大打折扣。此外，由于申请政府补贴的流程烦琐、补贴额度有限等原因，也限制了农村体育经费的投入。

（五）资金使用效率低下

由于农村体育经费的管理机制不健全、监督机制不到位等原因，导致资金在使用过程中存在浪费和滥用现象。一些地区在投入大量经费建设体育设施后，由于缺乏有效的维护和管理机制，导致设施损坏严重、利用率低下。这不仅浪费了宝贵的经费资源，也影响了农民参与体育活动的积极性和热情。

五、农村体育政策法规制度建设滞后且执行不力

（一）政策法规滞后且不完善

源于制度建设滞后性的普遍特点，体育政策法规建设往往难以跟上农村体育快速发展的形势与需求，尤其是一些政策法规制定时间较早，已明显不能适应当前农村体育发展的实际需要。一些关键领域的体育政策法规还存在空白或不完善的情况，致使在实践中往往出现组织、规划、规则等方面的混乱。

（二）政策执行力度不够

尽管国家和地方政府出台了一系列支持农村体育发展的政策法规，但在实际执行过程中往往存在力度不够的问题。一些地方政府对农村体育的重视程度不够，导致政策执行不到位，甚至存在大打折扣、走形式的现象。此外，由于缺乏有效的监督机制和评估体系，政策执行效果难以得到保障。

（三）制度设计不合理

当前农村体育制度设计在某些方面存在不合理之处。例如，一些制度过于强调政府的主导作用，忽视了市场机制和社会力量的作用；一些制度过于僵化，缺乏灵活性和适应性，难以应对农村体育发展的多样性和复杂性。这些不合理的制度设计限制了农村体育的创新和发展空间。

（四）法律法规意识淡薄

在一些农村地区，法律法规意识相对淡薄，导致农村体育活动中存在违规操作和违法现象。例如，一些未经批准或不符合安全标准的体育设施被擅自建设和使用；一些非法组织和个人在农村地区开展营利性体育活动等。这些行为不仅损害了农民的利益和健康安全，也影响了农村体育事业的健康发展。

（五）政策宣传与普及不足

尽管国家和地方政府出台了一系列支持农村体育发展的政策法规，但由于宣传与普及不足，很多农民对这些政策并不了解或了解不够深入，导致农民在参与体育活动时缺乏必要的政策支持和指导，也难以充分利用政策资源来推动农村体育事业的发展。

六、农村体育教育与新形势需要之间存在的问题

（一）师资力量薄弱

农村体育师资力量相对薄弱，专业化程度不高，教学水平有限。很多农村学校的体育教师都是兼职或者由其他学科教师兼任，缺乏专业的体育知识和技能，难以保证体育教学质量。也由于农村学校远离城镇，公共设施简陋，办学环境难以跟城镇看齐，一些优秀的体育教师不愿意到农村任教，影响了农村体育教师队伍素质的提高。

（二）体育设施匮乏

农村学校的体育设施普遍匮乏，很多学校没有标准的运动场地和器材，无法满足学生的体育锻炼需求。一些学校即使有体育设施，也往往因为年久失修、损坏严重而无法正常使用。体育设施的匮乏不仅限制了学生的体育活动范围和内容，也影响了体育教学的效果和学生的体育兴趣培养。

（三）育人观念落后

在一些农村地区，应试教育观念仍然根深蒂固，学校和家长普遍重视文化课成绩而忽视体育教育。这种教育观念导致体育课程在学校教育中的地位低下，体育课程时间被挤占、体育课被随意取消等现象时有发生。同时，由于缺乏对体育教育的正确认识和理解，一些学校和家长认为体育活动会耽误学生的学习时间，从而影响了学生的学习成绩。

（四）体育文化氛围缺失

农村学校的体育文化氛围相对缺失，缺乏积极向上的体育精神和传统。一些学校没有形成良好的体育锻炼习惯和传统体育项目传承机制，导致学生缺乏体育兴趣和动力。同时，由于缺乏体育比赛和交流机会等原因，也限制了学生的体育视野和竞技水平的提高。

（五）学生体质水平提高缓慢

由于上述困境的存在，农村学生的体质水平提高缓慢，甚至由于缺乏体育锻炼、不坚持科学合理的营养膳食，不少学生出现了身体素质下降、肥胖率上升等突出问题，这不仅严重影响了学生的全面发展，也制约了农村教育质量的提高和社会的整体进步。

第四节 新时期我国农村体育发展面临的机遇

一、有关规划为农村体育发展提供了有力的政策支撑

党的十九大提出“乡村振兴战略”，与之配套的一系列政策的出台，共同构成了推动农村全面发展进步的“政策矩阵”。尤其是乡村振兴战略的宏观布局，将农村体育作为重要内容列入，使农村体育与产业发展、生态建设、社会治理同步安排，一体推进。

2018年，中央农村工作领导小组办公室印发的《乡村振兴战略规划（2018—2022年）》指出，要“优化乡村公共体育服务体系，确保村级健身设施全面覆盖”。2019年，国务院办公厅《关于印发体育强国建设纲要的通知》要求：推动全民健身公共服务资源向农村倾斜，重点扶持革命老区、民族地区、边疆地区、贫困地区发展全民健身事业。2021年，《中华人民共和国乡村振兴促进法》的出台，强调了各级政府在丰富农民文化体育生活、培育乡村特色文化体育产业方面的责任。2022年3月，中共中央办公厅、国务院办公厅印发《关于构建更高水平的全民健身公共服务体系的意见》要求“对接国家重大战略，促进全民健身公共服务城乡区域协调发展”“完善农村全民健身公共服务网络，逐步实现城乡服务内容和标准统一衔接”。

甘肃省制定出台《全省体育助力乡村振兴行动计划（2021—2025年）》，聚焦公共体育场地设施建设，补齐乡村体育发展短板，广泛开展全民健身赛事活动，培育乡村经济新增长点，加强科学健身指导服务，提升乡村群众健康水平，打造体育助力乡村振兴新亮点。《甘肃省全民健身实施计划（2021—2025年）》，力争持续完善省、市、县三级全民健身工作机制，统筹推进全民健身“六个身边”工程和甘肃丝绸之路体育健身长廊建设，不断丰富甘肃丝绸之路体育健身长廊新内涵。

以上规划、政策以及制度设计等，不仅为农村体育的快速发展提供了坚实的政策保障，更为其未来高质量发展指明了方向。

二、城乡一体化增强了农村体育发展内在驱动力

当前，我国体育既存在“乡村病”，也有“城市病”。广大农村长期向城镇输入优质人力，造成农村体育运动的空心化；大量务工人员的进城，也使城市体育资源开始承受巨大的压力，供需矛盾与城镇化同步增大。“两病”都源于快速城镇化，“两病”需同治。解决农村体育问题的出路在城市，解决城市体育问题的良药则在乡村，这其实是关系城乡一体化及城乡融合发展的重大课题。

党的十九大关于乡村振兴的战略布局，确定了构建城乡融合发展的体制机制和政策体系，同样为农村体育健康发展指明了方向。城乡融合发展，不是城乡相互取代，而是二者互补，突破城市体育局限于市民，农村体育局限于农民的狭窄视域，将城市与乡村同时置于人们的视野，在比较中重新认识。城乡体育融合发展是今天中国体育发展的根本指针。2019年，中共中央、国务院发布的《关于构建城乡融合发展体制机制和政策体系的意见》，在城乡要素流动渠道、重塑城乡关系、优化公共资源分配、破除融合发展障碍的目标导向上做出了安排。通过城乡融合发展推动农村产业多元化发展，也为农村体育发展注入了新的活力。面对农村地区产业结构单一、二三产业发展滞后的现状，城乡融合策略鼓励将地方体育文化与自然生态优势相结合，开发具有地方特色的体育文化产品与服务。

城乡融合发展的体育与既有的城市体育运动和农村体育活动多有不同，它承载着城市和乡村的双重价值，通过乡村自觉对接现代文明、城市积极受惠传统文化实现双赢。城市体育要放大其包容性，引领农民工市民化，农村体育要打好生态牌，吸引城市居民向农村流动，以最大程度地满足城乡居民对健康阳光生活的需求。在城乡两端之间既有多种类型体育的过渡，也有多层次、多系统的衔接沟通。着力发展好农村生态体育，促进城乡体育资源的双向流动，加快推进城乡体育融合发展，助力乡村振兴和新型城镇化建设，既是重大课题，也是光荣使命。一些地区通过整合生态旅游、山地户外运动、休闲农业及民族文化体验等资源，打造乡村振兴的综合性示范点，以旅游业为引领，带动第三产业蓬勃发展，成为推动县域经济转型升级的重要力量。

三、消除绝对贫困奠定了农村体育发展的物质基础

2020年底，我国取得了脱贫攻坚战的全面胜利，实现了9899万农村贫困人口的全面脱贫，832个贫困县成功摘帽，12.8万个贫困村全部退出贫困序列，这一成就标志着中国彻底消除了绝对贫困现象，创造了减贫治理的中国样本，为全球减贫事业作出了重大贡献。长期以来，薄弱的农村经济基础与群众较低的生活水平，是制约我国农村体育事业快速发展的基本问题。“仓廪实而知礼节，衣食足而知荣辱”。衣食住行无担忧，教育医疗有保障，是群众过上好日子的根本。摘掉贫困帽子的群众，才能心情舒畅地参与体育运动，国家也才能投资建设体育设施，为人民群众提供体育硬件软件服务。

脱贫攻坚战略的深入实施，极大地改善了农村体育发展的基础条件，具体体现在以下几个方面。其一，脱贫攻坚的成功吸引了大量因贫困而外流的农民返乡创业，有效缓解了城乡发展不平衡导致的农村人口流失问题，同时也为农村体育注入了新的活力，缓解了体育参与主体不足的局面。其二，通过体育扶贫项目的精准实施，如“体育+”或“+体育”的创新模式，不仅帮助农村地区培育了自主的体育产业，而且在乡村振兴战略的引领下进一步延长了产业链条，促进了多产业融合，提升了农村经济的非农收入，增强了农村地区的经济活力，从而通过体育产业的蓬勃发展，为农村体育的可持续发展奠定了坚实的经济基础与社会基础。其三，脱贫攻坚期间援建的体育场地与器材设施，如雨后春笋般涌现于广大农村地区，为农民群众参与体育活动提供了必要的硬件支持。国家脱贫攻坚普查数据显示，贫困县及其下辖的广大乡镇与行政村，几乎全面覆盖了村级综合服务设施，其中体育设施的普及率达到了99%，这一成果为农村贫困地区体育活动的广泛开展奠定了坚实的物质基础。

四、打造生态宜居美丽乡村为农村体育发展创造了良好条件

2018年2月，中共中央办公厅、国务院办公厅印发的《农村人居环境整治三年行动方案》指出：“改善农村人居环境，建设美丽宜居乡村，是实施乡村振兴战略的一项重要任务。”要“把培育文明健康生活方式作为培育和

践行社会主义核心价值观、开展农村精神文明建设的重要内容。”农村体育作为推动农村精神文明建设的关键一环，其顺利发展与否与打造宜居美丽乡村的进程密切相关，也就是宜居美丽乡村建设，既包含物质层面的硬环境，也涵盖体育文化等精神层面的软环境。

一方面，乡村宜居环境的精心打造为农村体育发展铺设了绿色基底。在统筹推进“五位一体”总体布局的引领下，乡村生态文明建设成为农村体育发展的绿色导向标。随着“绿水青山就是金山银山”理念的广泛传播，农村生态环境建设更加注重可持续发展，即在保护中寻求发展，在发展中强化保护。这种理念促使农村体育充分利用地域特色与生态优势，探索出“生态融合体育”与“体育融入生态”的新路径。例如，贴近自然、紧扣原生态、打好民族牌，将绿色体育发展成推动地方经济社会发展的有效载体是甘肃各涉藏地区的共同选择。甘南州玛曲县格萨尔赛马大会、冶力关拔河邀请赛以及城乡锅庄舞活动、徒步越野等已有相当规模和影响力，酒泉市、张掖市肃南裕固族自治县举行的少数民族传统体育运动会，摔跤、赛马、赛驼、射弩、拔河等已成为固定比赛项目。陇南白马藏族拔河、打秋千、顶杠、打靶、摔跤、牛头马面舞等也都开展得有声有色。

另一方面，乡村宜居环境建设为农村体育发展构建了精神防护网。乡村社会治理的核心在于村民自治、法治保障和促进农民之间的社会联结，强化其集体归属感与公共意识。而现代体育所倡导的团结协作、规则意识、公平竞争等价值观，与乡村社会所追求的公序良俗、文明乡风、邻里和睦等精神内核高度契合，共同促进了农村社会健康文明风尚的形成。2020年4月，农业农村部印发通知，向社会推介21个首批全国村级“乡风文明建设”优秀典型案例。如，陕西省延安市冯家营村文体活动丰富多彩，借助该村腰鼓文化源远流长的优势，建成陕北地区最大的实景腰鼓表演基地——“千人腰鼓”文化村，最多时日接待游客1万余人。河北省石家庄市杜村组建180多人组成的文艺队伍，包括华林乐队、北会飞龙战鼓队、杜村金钹女子战鼓队和创新鼓乐队，飞龙战鼓队受邀在2022年冬奥会上进行展演。

第五节　新时期我国农村体育发展战略

一、指导思想与基本原则

（一）指导思想

坚持以习近平新时代中国特色社会主义思想为指导，深入贯彻习近平总书记关于“三农”工作和体育工作的重要论述，围绕全面推进乡村振兴和建设体育强国、健康中国的奋斗目标，健全完善农民健身公共服务体系，创新农民体育发展方式，促进农民全面发展、农村全面进步。

（二）基本原则

（1）坚持农村体育活动项目的“四化”：农闲化、乡土化、分散化、多样化。要充分照顾到农业、农民、农村的现状及历史，围绕“有没有”“行不行”“爱不爱”做好文章，形成“天天想健身处处可健身人人会健身”的良好氛围。

（2）遵循农村体育自身发展规律和特点。当前，要注意运用简易体育设施和器材，利用优美的自然环境，通过当地的传统项目或者因地制宜的现代项目，开展体育锻炼、娱乐休闲、人际交往。

（3）注重以改革创新思维推动农村体育发展。在落实好现有体育发展规划、措施办法的基础上，注重捕捉农村体育运动的新状况，采取“拿来主义”，新旧办法结合，不断创新农村体育发展的组织机制、工作平台、活动载体和普及手段。

（4）重视农村体育运动重心下沉。县乡体育工作者要将工作重点放在乡镇，基础落实在村组，既重视青壮年的健身需求，也关注好“一老一少”的健身需要，推动全民健身公共服务资源向基层偏远村组延伸。

（5）积极推动农村体育与其他社会事业融合发展。加快农民体育健身工程与乡村产业、传统文化、社会治理、教育培训、休闲旅游等深度融合，整合资源，优势互补，共同发展。

二、主要任务与目标

（一）完善农村公共健身设施网络

贯彻落实《关于构建更高水平的全民健身公共服务体系的意见》，各地将农村公共健身设施建设纳入本区域社会事业发展规划，积极推进健身设施建设五年行动计划，努力完善农村公共健身设施网络，持续提高场地设施利用率。

进一步加强乡村综合文化站、村级综合文化中心、文体广场等体育服务功能，确保每个行政村都具备基本的健身设施，并逐步向具备条件的自然村延伸。

（二）丰富农民体育健身赛事活动

赛事活动坚持农民原创、农民主体、农体文体智体融合发展，让更多的参与者通过体育健身感受农情、感悟农耕。例如，充分利用“中国农民丰收节”“全民健身日”“全国运动会”等重大节庆平台，鼓励开展形式多样的农民群众性文化体育活动，做到了农民节日为农民，农民节日农民办。

围绕乡村发展、建设和治理，结合农时农事农需，经常性举办具有农耕农趣农味的体育赛事活动，如健康跑、骑行、球类比赛等。

支持农民自发组织开展村歌、“村晚”、广场舞、趣味运动会等文化体育活动，激发农民群众参与体育健身的积极性。

（三）加强传统体育项目保护与传承

扶持推广武术、龙舟、舞龙舞狮、健身气功等中华传统体育项目以及民族地区代表性传统体育项目，重点挖掘整理列入乡村非物质文化遗产的传统体育项目。

加强乡村体育文化创作及平台建设，打造“一地一品、一村一项”农民文体特色品牌，丰富农民精神文化生活。

（四）培养高素质农民体育人才队伍

高校承担着农村体育后备人才培养的重任。为此，有关高校积极创新体育教学体系，注重学生开展创造性工作要具备的精神品质的培养，注重借助现代信息技术实现智能化教学。积极完善体育教育平台，做好学生校园实践平台建设，建立体育行业实践平台，做好农村与体育的衔接。积极提升体育专业教师的能力水平，开展针对性和专业化培训，着力提高培训效果。

以高校为阵地，从乡镇村组干部、农民合作社负责人、企业职工干部中培养一批农民体育健身骨干和积极分子，培养一批有情怀、有担当、高水平的农村社会体育指导员，成为推动农村体育可持续发展的生力军。

（五）推动体育与乡村产业融合发展

探索推广“体育健身+”新模式，推进体育健身与乡村特色产业、农耕文化传承、农民教育培训深度融合。

打造一批乡村体育旅游精品线路，推动农村一二三产业融合发展，以提升乡村经济活力。

三、促进农村体育发展的具体策略

（一）教育引领振兴之路，吸引体育专业人才深耕乡村

教育乃乡村振兴之基石，乡村教育的繁荣直接关系着乡村的全面振兴。一是为吸引并留住体育专业人才于乡村，可深化实施“三支一扶”“特岗计划”等人才支持项目，并创新机制，如持续优化“公费师范生”与“硕师计划”，构建长期稳定的体育人才输送渠道。二是高等体育院校和职业技术学院要注意新增和创建广大农村、牧区所需的体育专业学科，不断满足农牧村对专业体育人才的需求。也要注意依托师范类学校，加强对从事中小学兼职体育教师的岗前培训，实施好“国培计划”体育青年教师职后培训项目，做到“课程育人”和“实践育人”并进。三是学校管理层应扮演引领者、策划者与支持者的多重角色，其教育理念与情怀对教师队伍具有深远影响，通过

示范引领、共同学习与外出交流等方式，激发乡村体育教师活力，促其在提高乡村学校体育教学质量上下功夫，以实际行动增强学生及村民的体育意识，最终形成一批具有创新思维和适应乡情的体育教师。四是强化正面典型宣传，提升乡村教师职业荣誉感与社会地位，营造尊师重教的良好风尚，确保乡村教师享有尊严生活与体面工作。此外，细致关怀体育教师生活需求，确保其基本生活无忧，从而促使其全身心投入体育教育事业。

（二）构建城乡体育融合平台，促进资源均衡流动与优化配置

体育资源作为体育产业发展的基石，当前城乡间仍存在显著差距。为破解此难题，一是需构建基于“以人为本”理念的城乡体育融合发展新模式，为资源双向流动提供理论支撑与实践路径。摒弃传统城乡体育界限观念，认识到体育活动的普遍性，鼓励城市居民参与乡村体育活动，搭建城乡体育互动桥梁。二是积极响应国家体育强国战略，加大对城乡体育规划、运营等方面的投入，特别是农村体育经费的筹措、分配与使用机制的完善，确保体育资源向农村倾斜，实现均衡配置。坚持做好城乡体育教师的双向交流锻炼工作，组织乡村体育教师、学生、村民代表到城市观摩（或短期参与）日常运动和正式比赛，派遣水平较高、责任心强、素质优良的体育人才到农村做短期指导或巡回展示。三是做好交流成效的评估考核，并将其作为体育骨干晋升提拔的重要依据，或作为体育骨干、在校学生、村民群众评优奖先的重要参考。

（三）抓住乡村振兴的战略契机，推进农村体育场地设施建设

乡村兴则国家兴，乡村衰则国家衰。乡村振兴战略的目的和意义正在于此。农村体育的发展成效显然可以作为反照乡村振兴成效的一面镜子。各地要积极抓好乡村振兴的战略契机，超前谋划，科学施策，按照打造10分钟、15分钟健身圈的目标，规划足够的运动场地，配齐必需体育设施，加大对农村体育基础设施的资金投入，发挥政府财政的主导作用，并动员社会力量参与，共同弥补体育场地设施短板，改变城镇多乡村少的状况。当然，也要注重解决好已有设施利用率不高的问题。在资金投入上，也要因势利导，引入民间资本，创新建设运营模式，拓宽农村体育发展投资路径。一些地方不能

因财政困难就忽视对农村体育发展的投资，应创新“保底性”体育服务供给制度，设置农村体育发展专项资金，提高农村体育事业发展资金转移支付比例。

（四）响应体育强国号召，全面提升农村体育公共服务水平

“十四五”时期，体育强国战略的深入实施为农村体育发展带来了前所未有的机遇。作为朝阳产业，体育产业在农村具有广阔的发展前景。随着乡村旅游与文创产业的兴起，可依托农村独特资源，延伸体育产业链条，促进农村体育公共服务体系的完善，发挥其在推动其他公共事业发展中的积极作用。通过提升农村体育公共服务的供给效率与质量，助力乡村振兴战略的深入实施。“城乡一体化”战略已经提出多年，目的在于缩小城乡差距，做到以城带乡，以乡促城。在实际中，城市的硬件、软件、公用设施的建设、使用等，远非农村可比。尤其是公共体育场地设施服务、公共体育组织服务、体育锻炼健身指导服务、公共体育赛事服务、公共体育信息服务、公共政策法规服务、国民体质监测服务等整个体系，城市较为完整充分，乡村模糊薄弱甚至空白。要缩小城乡差距，提高农村体育运动水平，全面提升农村体育公共服务水平势在必行。

（五）创新“体育+产业”模式，驱动农村体育消费升级与经济发展

农村体育发展是农村经济转型升级的重要驱动力。通过“体育＋产业”的融合创新，如体育与旅游的结合，利用乡村丰富的自然资源与人文特色，打造特色体育旅游项目，如体育休闲小镇、生态慢行系统等，吸引城市游客体验乡村风情，促进体育消费增长。此举不仅拓宽了农民就业渠道与收入来源，缓解了就业压力，还提升了农村居民收入水平，推动了体育消费市场的繁荣。同时，加强科技创新与产业融合，提升“体育＋产业”的科技含量与竞争力，为农村体育产业的可持续发展奠定坚实基础。各地积极挖掘农村体育的多重功能，发展体育传媒、体育康养、体育研学、体育旅游等新业态，加快体育健身与特色产业、旅游康养、农耕文化等融合，着力拓宽体育产业增值空间，体育产业已经成为农村经济发展的新引擎。当前，发展农村体育事业，重点之一在于将生态体育延伸至体育产业发展过程中就业机会的扩

大、劳动收入的增加、生态环境的保护上。在发展过程中要尽可能兼顾多种主体利益的平衡与满足，消除体育产业发展路径依赖，打通体育产业联动发展通道，注重减少和消除不同区域、不同行业的利益分歧，以建立人本的考核指标体系为切入点，破除不同区域、行业政策壁垒，建立有利于农村体育资源合理流动的机制体制，进而建立必要的农村绿色体育市场体系。

第三章

社会治理视域下农村公共体育服务体系建设

无论是从社会建设的需要出发，还是从社会治理的角度审视，构建全面成熟的社会体育服务体系都是国家发展战略的重要环节。一个健全的社会体育服务体系不仅能彰显一个国家的综合实力，更是促进国民整体健康水平显著提升的有效途径。其中，农村公共体育服务体系作为社会体育服务体系中不可或缺的部分，对于推动我国体育事业的全面发展具有重要作用。而当前农村经济发展水平相对滞后，体育基础设施与服务体系尚不健全，因此农村体育服务体系的发展面临诸多挑战。鉴于此，构建与完善社会治理视域下农村公共体育服务体系成了推动我国体育发展的重要一环。

第一节　农村公共体育服务体系助推社会治理的机理

一、农村公共体育服务体系的综合概述

农村公共体育服务体系是一种由国家主导、各级体育行政机构与社会团体协同构建的综合框架，旨在通过整合与优化社会体育资源，全面满足农村居民对体育活动的多元化需求。该系统的核心服务对象聚焦于农村地区的长

期居住人口，期望他们通过参与多样化的体育活动形式，积极投身于体育锻炼之中。该体系显著特征包括其强烈的地域适应性、活动项目的广泛性与复杂性、组织形式的高度灵活性以及活动时间上的非集中性。

农村公共体育服务体系的核心价值在于促进农民群体身体素质的全面提升，同时丰富农村体育文化内涵，助力农民群体形成强健的体魄与积极向上的生活态度，进而更好地融入日常生活与工作中。该体系以政府机关为核心引领，依托政府政策扶持与广泛社会资源的注入构建起了面向公众的体育服务供给网络。它不仅是确保广大农民能够有序、高效参与体育活动的基础，也是营造良好农村体育生态环境、促进全民健身战略深入实施的关键要素。

随着中国城乡融合发展战略的加速推进，农村公共体育事业迎来了前所未有的发展机遇，步入了一个转型升级的重要时期。在此背景下，构建完善、高效的农村公共体育服务体系，不仅是对国家体育发展战略的积极响应，也是推动农村社会经济全面发展、提升农民生活质量的重要途径，其紧迫性与重要性日益凸显。

二、农村公共体育服务体系助推社会治理的机理

（一）农村公共体育服务体系是推进社会治理的重要支撑

农村地区的全面发展的关键在于产业结构的优化与基础设施的完善，而这一进程往往伴随着庞大的资金需求。为有效缓解资金压力，政府需制定并执行一系列政策措施，旨在激发社会各界的参与热情，拓宽资金来源渠道，进而为新农村建设注入强劲动力。在此过程中，农村公共体育服务体系作为一股不可忽视的力量，其潜力与价值日益凸显。

体育产业凭借其广阔的市场空间和深远的产业辐射力脱颖而出，被视为未来经济发展的新增长点。随着国家层面对全民健身、健康中国等战略的深入实施，与之紧密相关的休闲娱乐、养生体育及体育旅游业将迎来前所未有的发展机遇。不过，这一切的繁荣与发展均建立在充分满足农村基本公共体育需求的基础之上，通过构建覆盖广泛、标准统一的农村公共体育服务体系，不仅能保障农民群众的基本体育权益，还能有效激活农村体育市场，促

进体育消费，进而带动相关产业链条的延伸与拓展，实现经济效益与社会效益的双赢。因此，农村公共体育服务体系的完善不仅能提升农民生活质量、丰富农村文化生活，更是推动农村经济转型升级、加速社会治理现代化进程的关键一环。它有助于打破城乡体育资源分配不均的壁垒，促进体育资源在农村地区的均衡配置，让体育真正成为农民群众生活中不可或缺的一部分，为实现乡村振兴与城乡融合发展贡献力量。[①]

（二）农村公共体育服务体系是建设美丽乡村的根本载体

在探讨社会治理的多维度框架内，“生态宜居”理念占据着举足轻重的地位，鉴于此，为推动新农村的全面发展，需引导政府从过往的粗放型经济发展模式中抽离。尤其是改革开放以来，尽管农民的物质生活条件与精神文化素养均实现了显著提升，但在农业生产实践中，一系列环境问题亦随之浮现，诸如化肥农药的过度使用、秸秆焚烧的普遍现象等，均对农村生态环境构成了严峻挑战。

当前，国家治理战略聚焦于农村的可持续发展路径，强调在保障农业生态化转型的同时加速产业结构的优化升级。在这一过程中，依据各农村地区的自然地理优势发展绿色、生态、高效的农业模式成为关键。在此背景下，农村公共体育服务体系的构建能够巧妙地融入这一转型大潮，通过因地制宜地开发多样化的体育项目，涵盖陆地、水上乃至冰雪运动等，不仅能有效利用农村闲置资源，激活农村经济新增长点，还能显著改善农村面貌，促进农村生态环境的良性循环与和谐共生。因此，农村公共体育服务体系不仅是提升农民身心健康、丰富农村文化生活的重要载体，更是助力美丽乡村建设、实现农村可持续发展目标不可或缺的一环。它能够通过体育活动的独特魅力，激发农民对美好家园的热爱与保护意识，共同绘制出一幅幅生态良好、宜居宜业的乡村新画卷。

---

① 于阳露.基于社会治理背景下的农村体育服务体系创新与实践[J].文体用品与科技，2022（503）：49-51.

（三）农村公共体育服务体系是推动社会和谐善治的有效依托

农村公共体育服务体系的诸多软治理功能促进城乡社会的和谐善治。体育运动把参与者凝聚在一起，通过健身娱乐、顽强拼搏等，在潜移默化中培养了合作共赢、遵守规矩、积极进取精神，也能通过传统体育、民俗体育蕴含的智、勇、仁、诚精神发挥其思想教育、艺术审美、道德改造等作用，这些精神和作用承担着社会软治理的重要功能，它们在非正式制度、非严格规定的状态下推动了和谐社会建设，助推了村民自管自治，提升了群众民主意识。习近平总书记指出，“要加强和创新基层社会治理，使每个社会细胞都健康活跃，将矛盾纠纷化解在基层，将和谐稳定创建在基层”。[①]我国幅员辽阔，社会治理压力大，仅靠现有制度已难以承担治理变革中的社会历史重任，体育活动体现出群众自治的显著特征，值得总结引导，以丰富城乡社会和谐善治的手段和路径。

农村公共体育协调了社会关系。农村公共体育冲击着农村及其居民单调沉寂、封闭内向的现象，创建着活泼阳光、合作交流的气象。例如，各种集体体育项目的开展，既科学分工、发挥主观能动性，又互助协作、紧密配合，参与者默契感提升了，经验交流了，友谊加深了，平时存在芥蒂的，此时烟消云散。总体上来讲，通过活力四射的体育运动，群众参与公共事务的积极性有了提高，文明礼貌素养得以培养，团队合作精神有所增强，整体凝聚力显著改观。

第二节　我国农村公共体育服务体系建设的理论基础

一、社会治理视域

中共十八届三中全会颁布的《关于全面深化改革若干重大问题的决定》

---

① 习近平.在经济社会领域专家座谈会上的讲话[J].经济，2020（10）：41-43.

标志着我国改革进程迈入了一个崭新的发展阶段，其中“创新社会治理”理念的提出，相较于以往的“加强和创新社会管理”，标志着治理理念与模式的根本性转变。社会治理作为一种以政府为核心，协同多元社会力量，在法制与政策框架内，综合运用多种手段对社会各领域进行组织、协调、服务、监督与调控的综合性过程，其运行机制是探讨其效能的关键维度。我国学者郑永年曾精辟地阐述了中国改革路径的递进逻辑，即遵循“经济—社会—政治”的渐进式难度递增路径，通过强化政府、市场与社会三大部门的协同作用，绘制出中国改革发展的示意图。李培林教授进一步指出，经济机会的平等性、社会利益的公正性以及政治权力的民主化，虽为不同面向，实则相辅相成，共同构成了推动社会进步的核心要素。从发展的阶段性视角审视，当前改革的深化需从经济领域向更为广阔的社会领域与政治领域拓展，以此为国家的长远发展注入源源不断的动力。这一论断为社会治理视角在我国农村公共体育服务体系建设中的理论定位提供了坚实的学理支撑与逻辑基础。

社会治理是一项综合性的治理活动，其基本特征和分类具体如图3-1、图3-2所示。

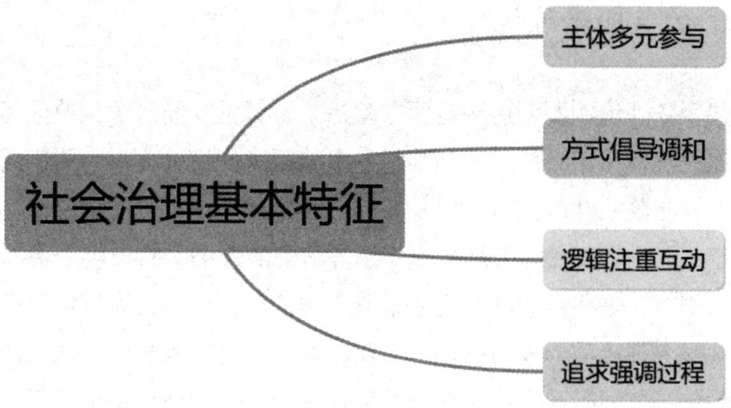

图3-1 社会治理基本特征

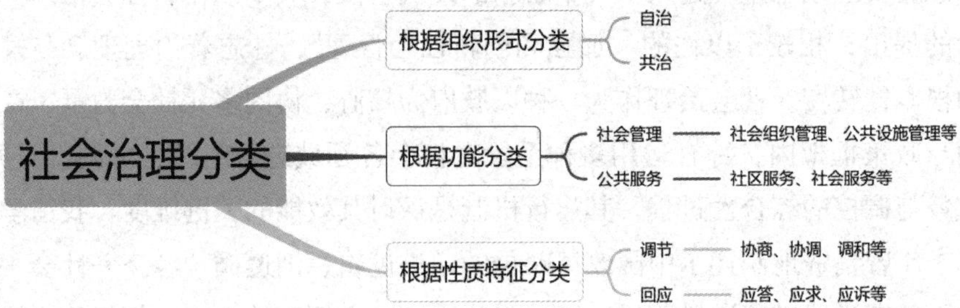

图3-2 社会治理基本分类

在当代中国的社会治理语境下，其核心任务在于构建一种基于个性化与多元化认同的治理框架。这一框架旨在通过一系列积极的互动机制，包括沟通、对话、谈判、协商以及必要时的妥协与让步，来促进不同社会阶层与群体之间的理解与融合。这一过程旨在汇聚并塑造一种广泛接纳的社会整体利益观，该利益观能够跨越阶层与群体的界限，成为社会各界共同追求与遵循的目标。这一目标的实现将促成一种社会契约的形成，该契约不仅体现了各方利益的平衡与协调，更成为指导社会行为、维护社会秩序的基石。

二、公共服务理论

公共服务理论渊源可追溯至西方政治学、哲学及经济学领域的诸多经典文献，如托马斯·霍布斯的《利维坦》中的国家理论、大卫·休谟的《人性论》对人性与公共性的探讨，以及亚当·斯密的《国富论》中的市场与政府角色界定，乃至罗纳德·H.科斯的《经济学中的灯塔》对市场失灵与政府职能的深入剖析。这些思想激荡为公共服务理论的诞生与发展奠定了坚实的基础。公共服务理论的形成与阐述，不仅映射了社会结构与价值观念的变迁轨迹，更是传统公共行政理论、新公共管理理论、公共治理理论及新公共服务理论等多元流派相互碰撞、融合与创新的产物。在发达国家，行政学领域已逐步超越管理主义范式，探索出包括新公共管理、新公共服务、治理及善治在内的政府改革新路径，标志着西方公共行政学经历了从古典到现代、从单一到多元、从效率优先到价值并重的深刻转型。

我国体育界也积极吸纳并发展公共服务理论，将其应用于体育服务体系的构建中，涵盖了传统公共行政的精髓、新公共管理的效率追求、公共治理的多元协作以及新公共服务中的公民中心理念。可见，公共服务理论家族成员广泛，包括但不限于传统与新公共行政理论、公共选择理论、新公共管理、公共治理及新公共服务等，它们在时间维度上展现出清晰的演进脉络，从主体构成上则由单一政府主体逐步拓展至多元共治，价值取向则从单纯效率导向转变为公平与效率并重，强调政府改革、市场机制引入，最终聚焦于多元主体协同与公民需求满足。结合当前社会改革背景与理论发展趋势可以发现，我国公共服务理论正处于公共治理的深化阶段，强调通过政府、市场、社会等多方力量的协同作用，共同推动农村公共体育服务体系的完善与发展，以更好地满足广大农村居民的体育需求，促进社会和谐与全面进步。

20世纪末期，治理理论崭露头角，迅速成为引领公共管理领域变革的前沿思想体系。该理论的核心在于"多中心性"的构想，即在社会治理的广阔舞台上，并非政府独舞，而是中央政府、各级地方政府、其派生机构、私营部门及公民个人等多元主体共同构成决策网络的节点，共同参与社会事务的管理与决策过程。公共治理的精髓及其价值导向可凝练为：追求善治之境、捍卫自由精神、秉承民主原则、倡导平等协商、鼓励多元参与。这一理念框架同样适用于公共体育服务领域，鉴于体育作为普世性文化符号的本质属性，其发展与普及理应成为社会各界的共同关切。在此背景下，体育行政机构负责宏观政策的规划与民众需求的洞察，构建起决策与反馈的双向互动机制；市场机制则依据公众体育需求的多元化特征，灵活提供多样化的服务产品；体育社会组织作为公益的倡导者与执行者，通过志愿行动增进体育福祉，成为执行层面的关键力量；社区居委会或村委会以自治为基础，能够有效激发公共体育服务的基层创新活力，推动自下而上的治理模式构建；而公民个体，尤其是自组织体育团体的成员，在公共体育服务的治理过程中同样起着重要作用，是推动体育事业发展的重要驱动力。

三、社会秩序理论

在孔德的哲学体系中，"静力学"与"动力学"的二元划分不仅适用于社会学，也为各学科提供了一种分析框架，这一视角为探讨农村公共体育服务体系及其运行机制提供了坚实的理论基础，实现了从体系构建的静态分析到运行过程的动态研究的无缝对接。

（一）社会静力学视角下的农村公共体育服务体系建设

孔德将社会静力学视为对社会系统中各组成部分相互作用规律及其功能的研究，强调这些规律并非源于经验归纳，而是根植于人性本质的逻辑推演。这一理论框架对于深入理解农村公共体育服务体系的建设具有深远影响。体系作为社会事实的一种表现形式，必然由多元要素按照特定规律构成，这些要素间的相互作用与整合构成了体系静态分析的核心。因此，社会静力学为探究农村公共体育服务体系的内在结构与要素配置提供了重要的静态视角。

（二）社会动力学视角下的农村公共体育服务运行研究

孔德认为，社会变迁虽遵循着不可逆转的发展规律，但变迁的速度与形式却可能因时代与社会的不同而有所差异。他强调尽管人类无法改变社会发展的根本方向，但能在一定程度上调整其强度与辅助性过程，这种有限的影响力构成了社会改良的基石。将这一理论应用于农村公共体育服务运行研究不难发现，服务体系的运行同样遵循着一定的动态规律，这些规律体现在静态体系要素之间的相互作用与影响之中，共同塑造出具有规律性的运行模式。农村公共体育服务的运行，作为社会动力学的一个微观实例，不仅体现了社会发展的普遍规律，也展示了人类通过有限干预促进体系优化与升级的可能性。

第三节　我国农村公共体育服务体系建设的基本原则

一、秉持科学性原则

面对新时代的发展诉求，需秉持创新思维，摒弃陈旧观念与封建残余，强化社会经济生产力的内在驱动力。在推动城乡一体化发展的宏观背景下，应全面兼顾教育、经济、文化及体育等多领域的协调发展，制定与时代脉搏相契合的发展规划。具体来说农村公共体育服务体系的构建，需以科学发展观为引领，紧密结合当地实际情况与新农村发展战略的深远布局，进行科学规划与设计。通过科学合理地整合现有资源，拓宽资金来源渠道，优化人力资源配置，确保农村公共体育服务体系的构建过程既符合逻辑又高效有序，从而为农村体育事业的长期可持续发展奠定坚实基础。

二、遵循基础性原则

基础性原则强调政府作为核心角色必须确保全体民众（尤其是广大农村居民）能够享有最基础的体育权益以及平等获取公共体育服务的机会。此原则体现了对村民基本生活与发展需求的深切关怀，直接关系到村民的生存保障、健康及教育权益等核心领域。在当前物质生活水平显著提升的背景下，精神文化需求，特别是体育活动的参与需求，已成为农村社会发展的重要驱动力。村民对健康生活方式的追求，以及对体育活动所蕴含的社会价值与个体发展潜能的认可（如村庄健身设施的普及、女性群体积极参与体育活动的现象），均彰显了体育在农村社会中的独特地位与广泛需求。因此，从提升居民生活质量、增进健康福祉的宏观视角出发，基础性原则旨在确立以人的全面发展为核心，确保农村公共体育服务体系建设的根基稳固，服务于每一位村民的全面发展需求。

三、坚守公平性原则

坚守公平性原则旨在确保农村民众能够跨越地域界限、社会地位差异等外部障碍，平等地享有农村公共体育服务体系所提供的各类资源与服务。随着信息化时代的深入发展，信息透明度的提升将进一步强化这一原则的必要性，促进农村经济与社会的全面进步。鉴于农村与城镇在体育发展上存在的固有差距（主要归因于地域特性的差异及二元经济结构的影响），并且这种差距呈长期且扩大的趋势，因此应紧抓新农村建设的历史机遇，加大资金投入力度，推动城乡体育服务体系的融合与一体化发展，力求实现城乡体育资源的均衡配置与协同发展。

四、落实系统性原则

依据系统论的理论框架，“体系”被界定为由多个相互依存、相互作用的事物或观念构成的，具有特定功能与目的的复杂整体。农村公共体育服务体系正是这样一个由多元要素紧密交织而成的有机系统，其内部各组成部分（包括主体、客体与受体）之间存在着深刻的内在联系。具体来说，主体层面可视为服务供给的多元化主体集合，涵盖了政府、市场机制、社会组织、村委会乃至村民个体等多个维度，共同构成了服务提供的丰富网络；客体方面则聚焦于农村公共体育服务的具体构成元素，如体育场地设施、活动组织等，这些要素作为系统运行的关键驱动力，确保了服务的有效实施与持续优化；而受体即农村居民，作为服务的需求方与最终受益者，其体育需求的满足程度是衡量体系效能的核心标准，体现了“以人为本”的发展理念在农村公共体育服务体系建设中的深刻体现。整体协同性原则强调各要素间的协同作用与整体优化，旨在通过强化系统内部的相互支持与配合，实现农村公共体育服务体系的全面、协调与可持续发展。

五、强调实用性导向

农村公共体育服务体系的构建需根植于农村经济发展的坚实土壤，同时紧密融合农村独特的自然景观与深厚的文化底蕴。鉴于农村公共体育服务体系的动态性与可持续性特征，其构建过程必须充分考虑农村经济、社会结构及民俗文化的多元因素，确保体系与农村整体发展环境相协调。此外，还需紧密围绕农村体育锻炼的实际需求，从多维度出发，综合评估体系的实用价值与建设成效，确保体系能够真正服务于农民群众的健康需求与生活品质提升。同时，还要强调农民群众的积极参与，鼓励其参与到体育制度的设计与构建过程中，基于自身实际情况提出切实可行的建议与方案。

第四节　我国农村公共体育服务体系建设的主要内容

一、夯实农村公共体育场地设施的物质基础

在我国农村地区，公共体育服务体系的内容之一便是农村公共体育场地与设施服务的构建，这也是物质支撑体系的关键环节。正如学术领域所认同的那样：民众参与体育活动的意愿产生于坚实的物质基础之上，体育基础设施的建设乃是世界各国推动全民健身战略普遍遭遇并亟须解决的共性议题。这深刻映射了城乡间公共体育服务均衡化进程的实现深度，并且紧密关联于服务体系内其他要素的有效运作与拓展。

体育场地与设施作为公共体育服务体系中的基石，处于服务体系发展的初级阶段，其完善程度直接制约了体育活动形式、时长及空间布局的多样性。近年来，我国公共体育场地建设的步伐显著加快，不仅在数量上实现了稳步增长，在规模上也持续扩大，尤其是自改革开放以来，这一趋势在历次五年规划周期内尤为显著，展现了强劲的发展动能。

鉴于我国城乡二元结构并存的现实背景，农村地区的公共体育场地与设施建设被视为不可或缺的一环，其对于缩小城乡体育服务差距、促进体育资源均衡分配具有举足轻重的意义，因此强化农村公共体育场地设施服务既是提升农村体育公共服务水平的直接途径，也是推动城乡体育一体化发展的重要战略举措。

二、做好农村公共体育政策法规的指导服务

农村公共体育政策法规构成了体系发展的战略导向与规范框架，这些政策法规是国家立法与行政机构正式颁布的规范性文件，以书面形式承载了公共体育服务决策的智慧结晶，是体育事业顶层设计的核心体现，对政策执行过程及后续监管活动具有至关重要的引导作用。

学术界通过对中华人民共和国成立以来体育政策法规的历时性考察，将其发展历程划分为探索期（1949—1965年）、停滞期（1966—1977年）、恢复

与稳固期（1978—2001年）以及快速增长期（2002—2012年）四个阶段，揭示了政策演进的阶段性特征。尽管缺乏严格的量化统计方法，但通过对公共体育服务政策法规主题词的分析，可以窥见农村公共体育服务相关政策法规的现状轮廓，其中直接针对农村体育的法规数量相对较少，显示出在总体政策体系中的位置与侧重。进一步利用专业法律信息平台，如北大法律信息网，以“农村体育”与“农民体育”为关键词检索，发现相关法规数量分别为8篇和50篇，主要集中于体育综合规定领域，同时也涉及农民工权益、机关工作综合、预算管理、建设综合规定等多元内容，体现了政策法规的广泛覆盖与交叉性。这些政策法规多聚焦于基层层面，为农村公共体育服务的有效运行奠定了坚实的政治与法律基础。①

以具体政策文件为例，如2002年4月由国家体育总局与农业部联合发布的《农村体育工作暂行规定》，该文件旨在深入实施《全民健身计划》，加速农村体育事业发展，从组织管理、物质保障、体育活动、体育训练、体育骨干培养、体育产业促进等六大维度制定了详尽的规定，为农村体育工作提供了全面的指导。国家体育总局、文化部、农业部联合发布的《关于发挥乡镇综合文化站功能进一步加强农村体育工作的意见》强调了乡镇综合文化站在农村体育工作中的重要性，明确了其在体育场地设施建设与管理、组织机构完善、社会体育组织网络构建以及体育服务功能提升等方面的具体职责与任务，从主体、设施、机构、功能四个维度全面提升了综合文化站的服务效能，促进了农村体育的普及化、生活化、科学化与制度化发展。②

三、保证农村公共体育经费的根本支撑

农村公共体育经费的保障机制可视为保证体系健康持续运行的根本支撑。国家财政作为政府运用法定权力对社会经济资源进行价值形式的分配与

① 陈德旭.社会治理视域下我国农村公共体育服务体系建设与运行研究[D].上海：上海体育学院，2017：57-60.

② 同上.

再分配机制，其核心功能之一在于支撑公共产品与服务的广泛供给，这些服务涵盖了国防安全、法治秩序、环境保护、经济稳定及行政管理等多个维度，体育福利亦是其重要组成。

我国财政体系实行中央与地方分级管理，地方财政主要负责地区性政府运作及区域经济社会发展的各项支出，具体涵盖地方行政管理、城镇基础设施维护、文化建设、教育普及、公共卫生以及体育事业等多个领域。在此框架下，农村体育的直接财政投入以及用于民众体育锻炼、健身活动的体育场馆、公园、广场等基础设施的建设与维护费用，均纳入地方财政的支出范畴。

在当前社会主义市场经济环境下，农村体育经费作为推动农村体育设施建设与活动开展的关键财务支撑，其稳定性与充足性直接关系到农村体育发展项目的顺利实施，因此解决农村体育经费问题已成为农村体育服务体系构建过程中亟待攻克的核心挑战之一。

四、加强农村公共体育信息宣传服务

在我国农村公共体育服务体系的构建中，农村公共体育信息宣传服务的优化是重要内容之一，即通过现代科技手段拓宽信息传播渠道，深化体育教育与宣传的渗透力。相关部门通过积极整合互联网、广播电视、纸质媒体等多元化信息传播媒介，已构建起全方位、多层次的信息交流平台，促进农村居民间的健身技能交流、科学健身知识的普及与方法的传播。另外，还构建了公共体育服务平台，为公众提供了一站式的信息获取与咨询体验。各级体育管理机构纷纷设立官方网站，并嵌入体质监测服务、电子导航工具（如公共体育设施查询地图）等功能模块，极大地方便了民众的信息检索与利用。国家层面的信息公开实践尤为显著，涵盖体育总局工作动态、政策法规解读及全民健身活动资讯等多维度内容，其中全民健身信息的年度发布量呈现显著增长态势。

第五节　我国农村公共体育服务运行机制及发展路径

一、我国农村公共体育服务运行机制

（一）农村公共体育服务运行动力机制

在当代社会演进的语境下，社会的持续稳健前行高度依赖于一个均衡适度的动力体系。动力这一概念源自物理学，意指“促使机械执行工作所需的各种力量集合”，而今已广泛引申为“促进事物内部运动与外部发展变革的综合性力量”。乡村公共体育服务作为社会全面发展蓝图中不可或缺的一环，其运作同样遵循动力驱动的基本逻辑。构建并维持乡村公共体育服务体系稳健运行所需动力系统的架构涵盖乡村公共体育服务的治理主体结构、村民体育需求的多维面向等；运作逻辑聚焦于乡村公共体育服务实践中的模式创新与执行机制；核心效能集中体现在对乡村公共体育服务有序发展与效能提升的促进作用上。①

农村公共体育服务运行动力机制旨在避免动力过度或不足所带来的阻碍，确保农村体育事业的稳步前行。其运作过程由以下五个紧密相连的环节构成。（1）动力源的开发是农村公共体育服务运行机制的起点，核心在于深入挖掘农村体育服务主体的内在需求。这些需求包括但不限于政绩追求、业绩提升、健康促进等，它们构成了推动农村体育发展的原动力。（2）动力转化环节将潜在需求转化为实际行动，构建“需要—行动”链条，使村民个体的体育需求从简单的“需要”经过“欲望”“动机”的激发，最终转化为具体的“目标”和“行动”。在国家和社会层面，则需将宏观的体育需求转化为具体的政策目标、决策和行动方案，确保从内在需求到外在实践的顺利过渡。（3）动力培育环节是确保农村公共体育服务动力持续稳定的重要环节，

① 陈德旭.社会治理视域下我国农村公共体育服务体系建设与运行研究[D].上海：上海体育学院，2017：57-60.

它要求动力主体不断积累、贮存并激发村民的体育需求，通过实地调研、深入了解村民的体育偏好和习惯，精准把握其体育需求的变化趋势，进而采取有针对性的措施进行动力挖掘和培育。（4）动力分配环节主要是将动力资源有效配置到农村公共体育服务的各个部门，通过优化资源配置，提高资源使用效率，促进农村公共体育服务体系的整体协同和高效运转。（5）动力监控与反馈环节主要是保障农村公共体育服务运行动力机制良性运转，通过对动力机制输出结果进行监测和分析，评估其是否为农村公共体育服务提供了适度动力以及整个机制是否处于良性运行状态。反馈机制使得动力主体能够及时了解信息，对动力产生过程中存在的问题进行及时调整和优化，确保动力机制始终保持高效、稳定的运行状态。

（二）农村公共体育服务运行整合机制

古希腊哲学家亚里士多德认为人类在本性上也是一个政治动物，这句话深刻揭示了人类作为社会性存在倾向于组织化并形成共同体以追求更高层次的善。在学术语境下，意指将分散的元素有机联结，以促成资源共享与协同作业。基于此，可从整合对象、整合核心与整合流程三个维度，探讨乡村公共体育服务体系运作整合机制的创新构建。具体来说，乡村公共体育服务体系运作整合机制的整合对象聚焦于乡村公共体育服务治理主体的利益诉求；整合核心涵盖硬件基础设施（如体育场地设施）与软件政策环境（如政策法规）两方面；整合流程则涉及顶层设计的战略规划与基层实践的探索创新。

农村公共体育服务运行整合机制是推动农村体育事业发展的关键所在，其运作过程涵盖了自上而下与自下而上两种类型的整合模式，共同致力于构建一个和谐、活力四射的农村体育生态。

自上而下的整合机制体现了宏观层面的社会整合力量，体育行政管理部门作为社会整合的中心，负责制定农村公共体育服务的战略规划与政策法规，为整个体系提供方向指引。在这一阶段，通过广泛的宣传教育与政策解读，旨在调动社会各方面的力量，促使村民及社会各界对农村体育发展的重要性形成共识。但由于社会成员间存在差异性，并非所有人都会立即认同整合中心的决策，这时就需要通过有效的沟通机制，加强体育参与者之间的交流与理解，逐步消除分歧，形成共同的目标追求。

与自上而下的整合相对应，自下而上的整合则更多地体现了微观层面的社会整合力量。在共同的社会生活中，村民们基于兴趣爱好、健身需求等因素，自发形成各种体育组织或团体，如邻里间的健身小组、乡村体育俱乐部等。这些组织成为推动农村体育发展的重要力量，它们以邻里关系为核心，逐步向更广阔的社会生活领域拓展，形成更为复杂且紧密的社会关系网络。在这一过程中，村民们通过参与体育活动，不仅增强了身体素质，还促进了彼此间的交流与理解，形成了共同的体育利益诉求。这些诉求通过组织内部及组织间的沟通与协商，逐步汇聚成推动农村体育事业发展的强大动力。同时，自下而上的整合过程也为上级部门提供了宝贵的基层信息，有助于其制定更加符合实际、贴近民生的体育政策。

（三）农村公共体育服务运行激励机制

在探讨农村公共体育服务运行激励机制时，首先需要明确“激励”这一核心概念，它蕴含了驱动、鼓舞与赋能的深层含义，与古汉语中“激励应候”所传达的振奋精神、激发潜能相呼应，在英文语境下则对应为“Motivation”，特指个体追求特定目标时的内在准备状态。在组织行为学视角下，激励被视为一种心理过程，旨在激发个体动机，促使其产生内在动力并朝向既定目标迈进。从外部环境与内在诱因的角度分析，激励能够转化外部刺激为内部动力，进而强化行为表现。激励的内外特性构成了供需主体间互动的桥梁。

激励机制作为一套系统性制度安排，其核心在于通过激发个体的积极性与潜能，以实现组织或共同体的整体效能最大化。这一机制不仅涵盖了激励的标准、手段与过程三大要素，还体现了社会运行中对成员行为与价值导向的引导功能。从历史维度考察，我国社会运行激励机制经历了显著的变迁，彰显了其动态适应性与时代性。

将视野转向特定领域，如图书馆管理与体育运行，激励机制同样发挥着至关重要的作用。在图书馆领域，基于知识管理的激励机制旨在通过资源配置引导员工行为向知识创造与共享倾斜；在体育领域，激励机制则涵盖了激励条件、标准、手段及过程的全面设计，以确保体育活动的有效运行与发展。据此，农村公共体育服务运行激励机制可视为社会系统为引导农村居民体育行为与价值认同，按照既定标准与程序分配体育资源的过程。这一过程不仅反映了农村居民对体育活动的强烈需求，还体现了农村体育资源体系（包括场地设施、组织机构、经费投入等）在支撑服务运行中的关键作用。村民对公共体育服务各要素的高认同度也进一步证明了该机制在塑造积极体育价值观方面的有效性。

为深入研究农村公共体育服务运行激励机制，可将其解构为激励标准、激励手段与激励过程三个维度。其中，激励标准依据贡献度差异进行差异化激励；激励手段则包括薪酬、健康等多方面的激励措施；激励过程是指激励机制的具体实施流程与操作程序。这一逻辑框架为后续研究提供了坚实的基础。

二、我国农村公共体育服务发展路径

（一）农村公共体育服务运行动力机制治理路径

（1）针对乡村公共体育服务体系动力机制的特定需求特性，实施定期的需求调研机制，旨在深入理解村民对于公共体育服务的核心诉求，如识别村民最期望改善的体育服务领域，并据此进行精准投入。此次调研应成为常规化操作，通过持续收集并分析反馈数据，动态调整服务内容与形式，形成灵活响应的服务供给模式。

（2）强化动力传递媒介的效能，促进动力源与接受者之间的有效对接。具体措施包括：构建自发向上的体育信息反馈体系，设立乡村公共文化（体育）服务平台，积极倾听并吸纳村民对体育服务的具体需求与改进建议；建立双向沟通机制，确保信息的畅通无阻，及时捕捉并响应与体育服务相关的各类建议与反馈。

（3）将乡村公共体育服务议题纳入“一事一议”的民主决策框架，推动乡村发展重心由经济领域向社会服务领域的转移，强化村庄内部自治能力。还要激发村民参与体育锻炼的主动性与积极性，培养其健身习惯，使之成为乡村公共体育服务治理的重要力量。

（4）针对乡村公共体育服务要素供给的治理，需采取精细化管理策略，避免资源投入的过剩或不足，确保供给量与村民实际需求相匹配，实现动力机制的适度性与高效性。

（二）农村公共体育服务运行整合机制治理路径

（1）推行农村公共体育服务的扁平化管理架构，通过层级化组织设计，赋予各层级相对独立的职能与责任，确保各层级能够自主高效地提供公共体育服务，形成网格化、多主体参与的服务供给体系，有效简化行政流程，减少烦琐的层级报送。

（2）构建农村公共体育服务的协同治理模式，整合多元治理主体的资源与能力。具体来说可探索官民合作的新路径，鼓励政府与社会力量（如体育社会组织、乡镇企业）共同参与公共体育服务的提供，通过政府购买服务等方式，激发社会活力，同时建立健全监管机制，防范寻租行为，确保服务质量与效率。

（3）在农村公共体育服务运行整合机制的实施过程中，应避免单一化路径的局限，重视治理程序的规范化与制度化。政府应作为平台搭建者，召集各利益相关方共同参与协商，通过对话、调解等方式解决分歧，促进共识形成，确保农村公共体育服务在多元共治中稳步发展。

（三）农村公共体育服务激励动力机制治理路径

（1）构建科学合理的农村公共体育服务激励标准体系，聚焦于治理主体层面，建立健全政策引导机制，包括但不限于实施达标奖励制度，以正面激励促使农村公共体育服务人员追求卓越服务品质，进而激发其工作热情与主动性。

（2）引入过程激励机制于农村公共体育服务中，构建“导向—监测—分配—反馈”式闭环流程。此机制强调服务过程中的持续监控与即时反馈，旨在将问题解决于萌芽状态，实现源头治理的目标。具体来讲即通过优化服务流程，促使服务人员主动发现并处理潜在问题，从而将治理重心由事后补救前移至事前预防与事中控制。

（3）针对农村公共体育服务中不同治理主体，需明确差异化的激励手段，如通过薪酬激励机制提升体育工作者的积极性，定期表彰先进事迹以增强荣誉激励效应；为积极参与体育活动的村民设立“农村体育先进个人”等荣誉称号，以表彰其贡献并激发更多村民的参与热情。

（4）为保障治理主体的权益与积极性，应推行损失补贴与补偿机制，建立健全损失申报制度，为因超时工作或超工作量而遭受损失的服务人员提供必要的经济补偿，以减轻其后顾之忧。此举不仅体现了对治理主体辛勤付出的认可与尊重，也是完善激励机制、提升服务效能的重要举措。

第六节　国外公共体育服务体系建设的经验与启示

一、国外公共体育服务体系建设的经验

（一）日本公共体育服务体系建设的经验

1.政府主导与社会参与的有机结合

日本作为一个地方自治制度下的单一制国家，其独特的政治体制与财政结构为公共体育服务体系的构建提供了坚实的制度基础。第二次世界大战后，日本通过一系列改革，逐步形成了政府主导、社会广泛参与的体育管理体制，这一模式不仅促进了体育事业的全面发展，也为全球公共体育服务体系建设提供了宝贵经验。

日本体育管理体制的核心在于政府的主导作用，尤其是文部科学省及其下属的体育与青少年局。作为中央政府层面的最高体育主管部门，体育与青少年局通过其下设的五个科室——大众体育科、竞技体育科、学校体育科、青少年体育科及综合企划科，全面覆盖了体育事业的各个领域。这一设置确保了体育政策法规的科学制定与有效执行，同时也为全国性大型体育赛事和体育活动的组织提供了强有力的支持。

在地方层面，都道府县和市町村的教育委员会是管理地方体育的行政机构，这些机构大部分都设立竞技体育科、大众体育科和学校体育科，还可以

根据地方实际情况灵活调整，从而确保了体育政策的有效落地。上级机构掌握着体育事务的审批权、财政权和监督执行权，下级机构要向上级负责，定期汇报工作、申请相关经费，这样既保证了体育事务的规范性和统一性，又激发了地方在体育发展上的积极性和创造性。

日本体育协会与民间体育组织在公共体育服务体系中也发挥着重要影响，这些组织在政府政策的指导下，具体承担和实施大众体育工作，如组织体育活动、培训体育指导员、建设体育设施等。它们与政府之间形成了良好的互动关系，既弥补了政府在微观管理上的不足，又增强了体育服务的专业性和针对性，共同推动了日本体育事业的蓬勃发展。

由以上分析可知，日本公共体育服务体系建设的成功在于其实现了政府主导与社会参与的有机结合：政府通过制定宏观政策和提供财政支持，为体育事业的发展提供了坚实的保障；而社会组织则利用其在专业性和灵活性上的优势，具体负责体育服务的实施和推广。这种模式不仅提高了体育资源的配置效率，还促进了体育文化的普及和深入，为日本体育事业的可持续发展奠定了坚实的基础。

2.多渠道增加体育场地设施的供给

战后初期，日本体育设施的数量严重不足，1956年仅拥有1634个公共体育设施，这一现状迫切要求国家加快体育设施的建设步伐。在此背景下，1946年设立的“国民体育大会”成了推动体育设施建设的重要力量。作为每年轮流在县级行政区举行的全国性综合运动会，它不仅激发了地方政府的积极性，还促使承办县大力加强本地体育设施建设，从而在全国范围内形成了体育设施建设的热潮。这一传统持续至今，已成功举办66届的“国民体育大会”不仅提升了国民的体育热情，更极大地促进了日本体育设施的完善与升级。

为了进一步规范体育设施的建设与管理，1972年，日本文部省保健体育审议会在“关于体育振兴普及基本策略”的报告中，明确提出了根据区域和人口数量配置公共体育设施的标准。这一标准的出台为各地体育设施的建设提供了科学依据，确保了体育资源的均衡分配。同时，《城市公园法》和《自然公园法》等法律法规的颁布，也为群众在公园等公共区域进行体育锻炼提供了法律保障，进一步拓宽了体育设施的供给渠道。

日本在盘活和有效利用学校体育设施方面也作出许多努力，早在20世纪70年代，日本政府就出台了相关政策，鼓励并推动各级学校体育场馆设施融入公共体育服务体系。通过文部省发布的“关于推进学校体育设施开放”和“关于配合开放学校体育设施”的通知，到1984年，日本公立学校体育设施的开放率已高达80%。时至今日，这一比例更是提升至99%，几乎所有公立学校都在每天放学后向社区居民开放体育设施。政府不仅通过制定指导性政策进行引导，还提供了专项补贴，使得近一半的设施能够完全免费开放，极大地降低了民众参与体育运动的门槛。

日本在公共体育服务体系建设方面，通过多渠道增加体育场地设施的供给，实现了体育资源的有效整合与利用。从“国民体育大会”的推动作用，到标准化配置与法律法规的保障，再到学校体育设施的全面开放，这一系列举措共同构成了日本公共体育服务体系建设的成功经验。这些经验不仅为日本自身体育事业的发展提供了有力支撑，也为其他国家在构建和完善公共体育服务体系方面提供了宝贵借鉴。

（二）英国公共体育服务体系建设经验

1.活动内容多元形式灵活多样

英国在公共体育服务领域的活动开展，聚焦于项目设计、宣传与志愿服务三大核心维度，展现出丰富的内涵与多样的形式。

（1）活动项目设计

活动项目设计上，英国注重多样性与包容性，具体可划分为三大类别：第一类侧重于技术训练与身体锻炼，如社区体育中心提供的涵盖羽毛球、篮球、保龄球等在内的17项体育项目，满足不同人群的健身需求；第二类以学习为导向，专为初学者设计，旨在培养体育兴趣与基本技能；第三类聚焦于个性化服务，如为会员提供的体质评估、健康咨询及定制化的运动方案等，体现了服务的精细化与人性化。

（2）宣传策略构建

在宣传层面，英国社区体育发展已形成了一套自上而下、内外联动的稳定机制，中央政府、地方政府、体育俱乐部及外部合作伙伴紧密协作，共同推动。以2008年为例，英国政府批准了英格兰体育理事会的战略蓝图，旨在构建一个具有全球影响力的社区体育推广体系，彰显了其在宣传策略上的高瞻远瞩与系统性布局。

（3）志愿服务体系

志愿服务作为英国社区体育发展的坚实支撑，正逐步走向组织化、规范化与科学化的发展道路。以伦敦奥运会为例，2012年共有7万名志愿者无偿贡献于赛事之中，成为奥运精神的重要传播者。而在社区层面，志愿者数量亦呈增长态势，2013年社区体育俱乐部的志愿者平均人数较2010年增长了20%，达到24人，其中90%均具备专业指导资质。尽管如此，仍有部分俱乐部面临志愿者资源不足的挑战，反映出志愿服务体系在优化资源配置与提升参与度方面的持续努力空间。同时，调查数据显示，超过三分之一的俱乐部表达了在未来两年内增加志愿者数量的愿望，预示着志愿服务在英国社区体育中的潜力与活力。

2.英国公共体育服务供给体系的绩效评估

英国公共体育服务供给体系的绩效评估是一个多层次、多维度且高度系统化的过程，旨在确保公共体育资源的有效配置与服务质量的持续提升。

（1）亚区域层次的绩效评估

在亚区域层次，郡体育伙伴负责根据整个供给体系的关键评估指标设计并实施当地社区的评估体系。这些指标包括但不限于体育参与人数、俱乐部发展情况、教练员与志愿者数量以及扩充的体育参与机会等，旨在全面反映当地体育服务供给的现状与成效。另外，亚区域层次还要求以季度为基础报告年度供给计划，详细阐述合作伙伴的核心功能、对地区公共体育服务供给体系的贡献、社区教练员数量的增加情况以及学校和社区俱乐部连接战略的执行情况。这种定期报告制度不仅确保了信息的时效性，也促进了各方之间的沟通与协作，共同推动体育服务的优化与升级。

（2）地方层次的绩效评估

在地方层次，社区体育网络以当地需求为基础，通过确认不同供给代理者和利益相关者的共同目标与行动，制定并实施具体的供给计划。这些计划不仅与地方公共服务协议中的目标与评估紧密相连，还充分运用了积极人口调查的数据支持，为社区体育网络提供了关于当地体育和积极休闲参与者数量、志愿者等关键信息。基于这些数据，社区体育网络能够更加精准地确立体育参与目标，合理分配资源以扩充参与机会。同时，它们还利用评估工具对供给计划的执行情况进行持续监测与反馈，确保各项措施能够有效落地并产生积极效果。

英国公共体育服务供给体系的绩效评估是一个自上而下、层层递进的过程。从国家与区域层面的宏观指导到亚区域和地方层面的具体操作，每一个环节都紧密相连、相互支撑，共同构成了一个高效运转的评估体系。这一体系不仅促进了体育资源的合理配置与服务质量的持续提升，还为全球其他国家和地区提供了宝贵的借鉴与启示。

二、国外公共体育服务体系建设的启示

（一）完善与体育相关的政策法规

当前，我国政策制定日益体现出了跨周期衔接的紧密性，且与国家宏观经济社会发展蓝图相契合。除了需要设立以五年为周期的“体育发展规划”，从宏观战略层面对体育事业的全面发展进行前瞻性布局，整合竞技体育、学校体育、群众体育及体育产业等多领域资源，实施一体化战略规划，还需要在此基础上针对特定体育服务领域深化制度细节的精细化设计，围绕全民健身公共服务体系的核心构件，明确发展目标，构建实施过程中的监督机制，并引入第三方评估机制，以确保规划从初期制定到中期执行再到后期评估的全链条管理。

在法治化建设维度，应加速推进《中华人民共和国体育法》的修订与完善工作，既要融合抽象的法律原则与理论精髓，又需紧密结合体育实践中的具体案例，旨在构建一个既能指导实践又能有效预防纠纷的法律框架，为公共体育服务的顺畅运行奠定坚实的法治基础，进而促进体育事业的和谐发展，助力全面建成小康社会目标的实现。地方层面还需因地制宜地制定配套法律法规，强化体育管理机构的法定权威，确保体育权利的普及与平等享

有，使体育成为促进社会公平正义的重要力量。

（二）构建科学的体育公共服务供给绩效评估体系

在全面深化体育事业改革的背景下，建立科学的体育公共服务供给绩效评估体系一方面是提升体育公共服务效能的必然要求，另一方面也是推动体育公共服务供给体系制度化、规范化和科学化的重要举措。绩效评估作为公共体育服务供给体系建设的核心环节，其重要性不言而喻，它不仅是改革与发展的“助推器”，更是实现内部控制与外部监督有效结合的关键工具。

1.绩效评估体系的核心价值

绩效评估体系通过对公共体育服务供给全过程的系统评价，能够准确反映服务投入、产出、数量、质量及运行状态等多维度信息，为政策制定、资源配置和服务优化提供科学依据。它不仅有助于识别服务中的薄弱环节和潜在问题，还能激发服务提供者的积极性和创造性，促进体育公共服务质量的持续提升。

2.构建科学的绩效评估体系时的注意事项

（1）以人为本，制定全面指标体系

绩效评估体系的核心在于满足人民群众的体育需求和实现其体育权益。因此，在制定评估指标体系时，应坚持问题导向和需求导向，确保指标能够全面覆盖公共体育服务的各主要方面，包括基础设施建设、活动组织、指导服务、信息获取等，综合反映服务的投入效率、产出成果、质量水平及运行状态。

（2）分层分类，构建多元化评估体系

鉴于不同评估对象具有不同的特点和要求，绩效评估体系应具备层次性和功能性，既能针对不同类型的体育服务项目进行精准评估，又能满足各级政府、社会组织及公众的不同需求。这种分层分类的评估方式有助于实现评估工作的精细化和差异化。

（3）完善体系，做到监督与评估有机结合

将评估与监督紧密结合是确保评估结果客观公正、监督有效的重要保障，应建立包括政府、社会服务对象、新闻媒体及第三方评估机构在内的多元化监督评估体系，形成政府主导、社会参与、媒体监督、专业评估的协同机制。通过多元主体的共同参与，可以有效提升评估的科学性、客观性和透明度，增强监督的有效性。

（4）实施奖惩机制，促进服务提升

绩效评估的最终目的是推动公共体育服务供给体系的不断完善和服务质量的持续提升，因此应建立与评估结果相挂钩的奖惩机制，对表现优异的单位或个人给予表彰和奖励，对存在问题或不足的单位提出整改要求，并视情况采取相应的惩罚措施。这种奖惩分明的机制有助于激发服务提供者的积极性和责任感，促进服务水平的不断提升。

（三）拓宽经费来源渠道并建立专项财政制度

在审视发达国家公共体育服务资金筹措模式时，可以发现其资金来源渠道多种多样，包括政府财政直接拨款、体育彩票公益金分配以及社会团体的积极捐赠与集资等。我国也应充分利用政府专项资金的引导作用，拓宽资金来源渠道，优化土地资源配置，加速体育场馆设施的建设与扩建。

1.构建三级财政分担体制以强化公共体育服务的资金保障

借鉴他国先进经验并结合我国国情，积极构建三级财政分担体制以强化农牧村公共体育服务的资金保障。在国家级层面，需完善财政转移支付制度，确保公共体育服务资金的增长不低于国民经济增长率，并加大对农村及欠发达地区的财政倾斜力度；在省级层面，需明确各级政府的财政责任与分担比例，通过设立专项财政基金，确保公共体育服务支出在地方财政预算中占有合理且稳定的比重；而在县级及以下地方政府层面，则需打破传统财政拨款模式，将体育财政从文化与新闻等综合性预算中剥离出来，实行独立预算，以提升资金使用的透明度和效率。

2.积极优化农村公共体育财政投入结构

一是加大对农村公共体育的财政投入力度，有效提高民间资本参与群众体育、大众健身、场地设施建设、赛事举办等。二是压缩体育行政部门的管理经费，将资金投入到农村体育场地设施建设、体育科学研究、农村体育指导员培养等领域。三是加强农村体育公共财政支出监督立法，接受社会公众对体育行政部门服务绩效水平的监督，同时也要努力构建绩效评价指标体系，实现定量与定性评价的结合。

3.强化政府资金投入的“刚性”约束

一是加大地方政府农村公共体育发展财政预算支出的执行和管理，并积极加大国家中央预算资金、中小企业发展专项等项目争取力度。二是要在农村公共体育基础设施建设上，引入社会和民间资本的力量，参与农村公共体育开发和发展。三是要创新体育公共产品的有效供给，使政府财政资金主要投向纯公益类体育产品，能借助市场配置和调节的产品向鼓励企业营利性主体提供。

（四）推进体育公共服务资源配置均等化

1.财政资金投入均等化：横纵结合的财政转移支付

发达国家在推进体育公共服务资源配置均等化的过程中，普遍采用了横纵结合的财政转移支付手段。这种机制不仅确保了中央政府对地方体育事业的财政支持，还通过地方政府间的相互协调，实现了体育资金在不同区域间的均衡分配。例如，美国通过设立专项基金、税收返还等方式，加大对经济欠发达地区体育基础设施建设和体育活动的支持力度，有效缩小了地区间的体育服务差距。这种财政资金的均衡投入为体育公共服务均等化发展奠定了坚实的物质基础。

2.服务群体均等化：关注重点与特殊群体的体育需求

体育公共服务的核心在于提供公平参与体育活动的机会，因此服务群体的均等化是资源配置均等化的重要体现。发达国家在推进体育公共服务体系社会化改革时，特别关注重点或特殊群体的体育需求，通过精准施策，确保每个人都能享受到高质量的体育服务。

以美国为例，该国在老年人、妇女和残疾人等特殊群体的体育公共服务供给上投入了大量资源。通过多渠道资金筹集，建设了适合这些群体使用的专业体育器材设施，并配备了专业的健身指导员，提供个性化的体育指导服务。特别是针对初次健身的老人，美国实施了严格的健康诊断制度，根据诊断结果量身定制健身计划，并进行全程追踪记录，确保健身活动的安全性和有效性。

日本同样重视老年人的体育需求，通过体育指导员制度，根据老年人的身体状况和兴趣爱好，推荐适合的锻炼项目，并提供专业的指导服务。这种以人为本的服务模式，不仅提升了老年人的生活质量，也促进了社会的和谐稳定。

国外公共体育服务体系建设在资源配置均等化方面的成功经验，为我国提供了宝贵的启示与借鉴。

第一，应加大财政对体育事业的投入力度，特别是要关注经济欠发达地区和农村地区的体育基础设施建设，通过横纵结合的财政转移支付手段，实现体育资金的均衡分配。

第二，要高度重视重点与特殊群体的体育需求，通过制定针对性的政策措施，提供个性化的体育服务。例如，可以借鉴美国的经验，为老年人、妇女和残疾人等特殊群体建设专业的体育设施，配备专业的健身指导员，提供科学、安全的健身指导服务。

第三，要加强体育公共服务体系的制度建设和管理创新，推动体育服务供给的多元化和市场化。通过引入社会力量参与体育服务供给，提高体育服务的效率和质量，满足人民群众日益增长的体育需求。

体育公共服务资源配置的均等化是构建完善公共体育服务体系的重要基石。因此，我国应积极借鉴国外先进经验，并结合我国国情实际，不断探索和创新体育公共服务资源配置的均等化路径，为实现体育强国目标贡献力量。

（五）强化体育社会组织的社会治理能力

发达国家普遍重视体育社会组织的社会治理作用，它们积极倡导体育社会组织积极参与公共体育服务，引导其通过高效运作来补充政府服务的不足。根据这些经验，我国应调整策略，制定与当前社会治理改革相契合的政策措施，并充分挖掘体育社会组织的社会治理效能。

积极拓宽体育社会组织参与社会治理的空间。从“全能政府”向“有限政府”转变是政府行政的时代特征。它要求各级政府尽快摒弃“婆婆持家，大包大揽”的老做法，将大量的社会治理职责和权力传递给各类社会组织，将自身逐步转变为监督管理、提供资源的角色，体育社会组织将承担起不少体育公共服务责任；反过来，各级政府也将通过购买体育社会组织的服务来促进体育社会组织作用的发挥。当前，应进一步加大对体育社会组织的扶持力度，加强对体育社会组织的功能的改造提升，将其打造成承接部分公共服务的有效载体，助力体育社会组织参与社会治理。此外，体育社会组织由政府主导，也可以向政府寻求“挂靠”依附政府的发展模式向政府寻求“保护”，同时充分利用自身运作规律，发挥体育社会组织的主体地位，并通过拓宽沟通渠道和交流平台，将自已纳入到体育治理体系中。在此期间，政府需明确自身定位，及时向体育社会组织提供合理政策、资源支持和监督管理。①

着力提高体育社会组织参与社会治理动力。持续强化社会组织专业能力建设，政府部门要制定相应的优惠政策，吸引和激励更多专业人才加入社会组织。加强社会组织的品牌建设，社会组织首先要建立健全管理制度，明确人员组成、职责任务，提高组织运行的规范化程度。强化社会组织运行的创新性和自主性，建立以农民需求为导向的社会组织运行管理办法，确保组织的各项工作紧密围绕群众的实际需求开展。体育社会组织参与社会治理是一个系统工程，要在政策上予以积极扶持，在财力上予以大力支持，在舆论氛围上予以褒扬，在运行中予以及时总结和引领，方能使体育社会组织不断释放出参与社会治理的源源动力。

建立体育社会组织参与社会治理的长效机制。例如，要建立各级政府向体育社会组织购买服务的具体机制，在机制指导下，通过直接提供或委托服务等方式，加强体育行政部门与社会组织之间的互动，优先支持公信力高、服务能力强的体育社团。也要深化对体育社会组织参与社会治理的研究与培训，增强其公共体育服务、社会管理及协同共治等多方面的能力，包括公共关系处理、跨部门合作与协商等关键技能。

① 许友娇.体育社会组织参与社会治理的组织培育与建设[J].决策探索·下旬刊，2016（10）：82-83.

第四章

社会治理视域下农民体育健身工程的实施

随着社会发展和人们生活水平的提高，农村体育健身工程日益成为促进农民体质健康和增强全民身体素质的重要途径。本章从社会治理的视角出发，探讨农民体育健身工程的实施情况及其在农村社会治理中的作用。首先阐述了农民体质健康与运动促进的重要性，接着提出了农民体育健身工程的主要内容、运行逻辑以及推进策略，最后讨论如何加强农村体育教育，为农民体育健身工程的顺利实施提供支持。本章的学术价值在于深入研究农村体育健身工程的社会治理视角，为理解和推动农村体育事业发展提供理论支持和实践指导。

第一节　农民体质健康与运动促进

一、农民体质健康概述

（一）农民体质健康的释义

农民体质健康概念涉及农村居民，尤其是那些直接投身于农业生产活动中的个体，对其身心健康状态作出全面评估。这一定义超越了简单的无病态，扩展至优良的身体机能、对环境变化的适应力以及心理和社会福祉的综合体现。在这个视角下，农民体质健康成了衡量农村公共卫生水平和生活质量的重要指标，同时也反映了农业生产力的一个不可忽视的方面。

（二）农民体质健康的影响因素与指标

1.农民体质健康的影响因素

农民体质健康受到多种因素的共同影响，其中环境条件的优劣起着基础性的作用。例如，水源的污染、空气质量的下降、住房条件的不佳以及在农业生产中化学品如农药的频繁接触，均可能对农民的健康造成直接的负面影响。此外，社会经济状况也是一个重要的考量维度，包括教育和收入水平、医疗资源的可获取性等因素，低社会经济地位往往与较差的健康状况紧密相关。生活方式的选择，如饮食习惯、体力活动的多少、是否参与体育运动以及烟酒的消费等，直接影响着农民的身体健康。心理健康同样不容忽视，经济压力、社会孤立感以及劳动条件的艰苦性等因素可能会对农民的心理状态造成负面影响。农民体质健康是一个多维度、受多方面因素影响的复杂现象，这些因素相互作用，共同塑造了农民群体的健康状况。①

2.农民体质健康的指标

在综合评估农民体质健康时，关注的维度广泛，其中最基本的评价标准包括了身体健康指标，如身体质量指数（BMI）、血压、心率等。这些基础数据能够为我们提供关于个体健康状况的直观信息。营养状况的评估也至关重要，通过检视膳食中各类营养素的摄入量，能够鉴别出营养不足或过量的问题，这些问题直接关系到个体的身体机能和疾病防御能力。

体能测试，如测量握力、短跑速度和立定跳远的成绩，是评价农民体力和完成日常劳作能力的有力工具，这些测试结果反映了农民体质健康与其日常生活和劳动之间的紧密联系。除了身体健康，心理健康的评估同样不可或缺，包括检测个体的压力水平、抑郁倾向和焦虑状态等。心理健康的好坏不仅直接影响到个体的生活满意度，也间接作用于身体健康和劳动效能。一个

① 夏成前.新型城镇化背景下中国农村体育发展路径研究[M].北京：九州出版社，2021：63.

全面的农民体质健康评估体系，不仅涵盖了身体健康的多项指标，还包括营养状况、体能水平和心理健康等多个维度，旨在为农民提供一个全方位的健康状况反馈，帮助他们更好地了解自身的健康状况，并采取相应措施以维护或提升健康水平。

（三）农民体质健康的作用和意义

农民体质健康不仅构成公共卫生和国家健康体系的底层基础，而且直接关联到国家的整体健康状况，尤其是在农村地区，这些地区往往占据着国家人口的重要比例。健康状况良好的农民，能显著提升农业生产的效率，这一点尤为重要，因为农业生产在很大程度上依赖体力劳动。一个健康的劳动队伍能够更加高效地进行农业及其他生产活动，从而推动经济的进一步发展。从社会学的视角出发，健康的农民群体是社会稳定与和谐的基石。健康问题，比如传染病的流行，不仅可能导致劳动力的短缺，增加社会的负担，还可能动摇社会的稳定基础。此外，农民的健康状态对教育和人力资源的发展起着决定性的作用，一个健康的体魄使得农民更易于接受教育，能更好地吸收知识，从而提升自我素质，为国家和社会的发展贡献更多的人力资源，促进向知识经济和科技创新方向的发展。农民体质的健康还与地域文化的传承及特色的保护紧密相连，健康的农民更能有效地传承并推进当地的传统文化，保护乡土风情，增强地域特色的吸引力。不仅有助于维护社区的凝聚力和稳定性，也有利于文化多样性的传承与发展。在生态环境保护方面，健康的农民更可能意识到环境保护的重要性，并积极参与到农业生产的可持续发展中去，通过采取各种环保措施，减少对自然资源的破坏，促进生态平衡，实现农业的可持续发展。农民体质健康对国家安全也有着不可忽视的影响，健康的农民群体能更有效地维护国家边境的安全，应对自然灾害和外部挑战，为国家安全构筑坚实的防线。鉴于农民体质健康在公共卫生、经济发展、社会稳定、教育人力资源发展、文化传承、生态环境保护及国家安全等多个方面的重要作用，政府与社会应当给予高度重视，并采取切实有效的措施来提升农民的健康水平。①

（四）社会治理视域下农民体质健康的意义

1.持续缩小城乡差距

政府在促进农村医疗卫生设施建设和医疗资源配置上的投入，是实现农村与城市医疗服务平等化的基石。通过扩大农村地区医疗设施的覆盖范围及提升服务质量，可以有效地缩减城乡医疗资源的鸿沟，保障农民群体享有与城市居民相等的医疗权益。此外，健康教育和疾病预防措施的普及对于提高农民的健康意识、降低疾病发生率具有重要意义，能够有效减轻农民的经济负担，提高其生活质量。基础设施的改善，如环境卫生和饮水安全的提升，也是缩小城乡健康差距的关键措施之一。这些措施的实施不仅能够促进医疗资源的公平分配，还能增强农民对社会的归属感和满意度，从而有利于社会稳定与和谐发展的促进。因此，加大对农村医疗卫生和健康教育的支持，不仅是改善农民体质健康的必要途径，也是推动社会整体进步、实现城乡一体化发展的重要策略。政府及社会各界应共同努力，促进医疗卫生资源的均衡配置，确保农民群体能够享受到全面且高质量的健康服务，以此来推动社会的全面发展和公平进步。

2.促进农业产业可持续发展

健康的农民能够更有效地从事农业生产，并采取和维护可持续的农业实践，如精确农业、有机耕作等。这不仅有助于提高农产品的质量和安全，还能够减少因疾病造成的生产损失，保障粮食供应的稳定性。同时，健康的劳动力是实现农业生产可持续性的基础，他们能够更长时间地投入农业生产中，提高生产效率，减少资源浪费。通过提高农民的健康水平，可以增强农业系统的韧性，使其能够更好地应对气候变化、自然灾害等因素带来的挑战，从而促进经济与环境的和谐共生。因此，加强农民体质健康建设不仅是

① 李军，邹吉玲，王国杰，等.乡村振兴战略下运动促进农民体质健康的现实困境与突破路径研究[J].冰雪运动，2021，43（06）：85-91.

一项医疗卫生工作，更是推动农村可持续发展、实现经济与环境协调发展的重要举措。政府和社会应共同努力，通过加大投入，提高医疗卫生服务水平，加强健康教育普及，促进农民体质健康的全面提升，为可持续发展营造良好的环境与条件。

3.增强农业应对灾害的能力

随着气候变化和自然灾害频发，农业系统的脆弱性日益凸显。在这种情况下，健康的农民具有更好的适应性和恢复力，能够快速响应自然灾害和气候变化带来的挑战。例如，他们可以更有效地实施灾后重建工作，采取适应性农业技术，以及调整生产策略以应对不断变化的环境条件。健康的农民往往拥有更高的学习和创新能力，能够更好地利用新技术和知识。通过不断学习和适应，他们可以更有效地提高农业生产的效率和可持续性。因此，提升农民体质健康不仅有助于个人健康，也是增强农业系统适应性和韧性的关键因素，能够更好地促进农村地区的可持续发展和社会稳定。政府和社会应该重视农民的健康问题，采取有效措施提升其健康水平，为应对气候变化和自然灾害等挑战做好准备，实现农村地区经济社会的可持续发展。

二、体育运动对农民健康的促进作用

体育运动促进农民健康的作用表现在以下几个方面。

（一）改善体质

农民通常从事较为体力劳动的工作，虽然能维持一定的体力水平，但长时间的单一体力劳动也可能导致特定肌肉群过度使用，而忽视了全面体能的培养。定期参与多样化的体育活动可以帮助农民全面提升体质，改善心肺功能，增强全身肌肉平衡。

（二）预防疾病

体育活动有助于减少慢性疾病的发生率。农村地区由于生活方式和饮食习惯的差异，可能更容易出现如高血压、糖尿病等非传染性疾病。规律的运动可以改善血液循环、控制体重、降低血糖和血压，从而降低患这些疾病的风险。

（三）健康心理

农民由于工作的季节性和较为封闭的社区环境，可能会面临较大的心理压力和孤独感。运动不仅可以改善身体健康，还能促进内分泌系统的平衡，释放如内啡肽等正向情绪激素，从而提高心理健康和生活满意度。

（四）提升生活质量

通过体育活动，农民可以增加社交的机会，增强社区凝聚力，从而提高生活质量。此外，体育活动还能提升个人的自信心和自我效能感，这些都是提高生活质量的重要因素。

因此，体育活动与农民的体质健康之间存在密切的正相关关系，通过促进体育活动，可以全面提升农民的身体健康、心理福祉及生活质量。

第二节 农民体育健身工程的提出与主要内容

一、农民体育健身工程的提出

农民体育健身工程是一项旨在全面提升农村地区体育设施水平、促进农民体质健康和推动体育活动普及的综合性国家级工程。通过该工程的实施，旨在构建一个覆盖广泛、服务周到的农村体育服务体系，以适应农民日益增长的体育健身需求，并充分发挥体育活动在提高农民生活质量、促进农村经济社会发展中的重要作用。[①]

农民体育健身工程聚焦于行政村，将建设经济实用的小型公共体育健身

---

① 李庆山，王萍.当代中国文化1000问[M].北京：北京工业大学出版社，2008：294.

场地设施作为重点，同时也推动农村体育组织建设和体育活动站（点）建设，广泛开展农村体育活动。该工程强调因地制宜、分类指导，注重实效的原则，旨在真正使广大农民受益，提升他们的身心健康和生活质量。

二、2006版农民体育健身工程的主要内容

2006年1月，《中共中央、国务院关于推进社会主义新农村建设的若干意见》（中发〔2006〕1号）首次明确提出了推动实施农民体育健身工程。

国家体育总局在2006年3月印发了《关于实施农民体育健身工程的意见》（体发〔2006〕13号）。尽管该文件下发时间较长，但至今仍对农民体质健康与运动促进有着重要的指导意义。文件针对农民体育健身工程进行了详细的规划与部署，主要目的在于加速新时期农村体育事业的发展。2006年4月，国家体育总局联合国家发展和改革委员会正式启动了全国农民体育健身工程。

（一）健身工程的重要意义

农民体育健身工程的实施，显著标志着在推进社会主义新农村全面建设的大背景下，增强农民体质、丰富农村文化生活及促进文明和谐新农村建设的迫切性与重要性得到了国家层面的重视与响应。不仅体现了对《全民健身计划纲要》精神的深入贯彻，也特别针对农村体育事业发展的特殊需求进行了回应。面对农村体育事业在设施建设与普及率方面的短板，农民体育健身工程的推出旨在通过强化体育设施建设，提高服务水平，以此缩减城乡体育发展的鸿沟，推动农村经济与社会的全方位协调进步。

工程特别强调将体育健身设施的建设融入新农村的整体规划之中，旨在通过提高农民的身体素质与健康水平，并通过各类体育活动的开展，有效地充实农民的精神文化生活，提升农村社区的凝聚力与活力。该工程还致力于培育农民的健身习惯和体育精神，旨在通过体育锻炼推动农民精神文明的建设，提升生活品质，为构建和谐社会打下坚实的基础。

此举对于提升农业劳动生产率、推动农村经济的发展不仅具有直接的积极效应，而且在提升农民的思想道德素质，科学文化素质以及身体素质，加

强农村精神文明建设，引导农民向健康、科学、文明的生活方式转变等方面，具有长远的深刻意义。通过将体育设施建设直接延伸到农民的生活圈，如建设混凝土标准篮球场、配备标准篮球架与室外乒乓球台等，确保农民群体能直接从中受益，这一策略无疑将体育活动的积极影响直接传递给每一位农民，进而促进农村社会的全面发展与进步。

（二）健身工程的指导思想与目标任务

农民体育健身工程的实施指导思想与目标任务紧密贴合了中国政府对于农村体育事业的全面发展的深刻洞察与坚定承诺。本工程秉承“三个代表”重要思想和科学发展观为理论指导，核心旨在提高农村体育服务水平，明确提出了要服务于基层，满足农民的基本需求。强调了工程设计与实施过程中必须密切联系农村实际，考虑到各地区的差异性及农民的实际需要和经济承受力，确保项目的实际效用和可操作性。

推进体育健身工程时，强调要坚持因地制宜、分类指导的原则，意在根据各地的自然环境、经济条件和体育资源状况，制定出切实可行的方案。此外，通过量力而行、注重实效的原则，工程旨在确保不超负荷地配合地方政府和农民的经济能力，同时能够有效提升农民的体育健身水平与生活品质。

《关于实施农民体育健身工程的意见》中设定的目标任务明确而具体，即争取到2010年让约1.5亿农民享受到标准化的公共体育场地设施的益处。这一目标不仅彰显了提升农村体育服务水平的决心，也表达了政府覆盖农村以公共体育场地建设为重点的承诺，既注重设施的普及率，也强调设施的质量与标准，确保农民能够享受到安全、便利、高品质的体育服务。该工程的指导思想与目标任务不仅凸显了科学的发展理念和务实的工作姿态，而且通过对体育服务体系的建设与完善，旨在推动农村体育事业向前发展，提升农民的生活水平，促进社会主义新农村建设的宏伟蓝图。

（三）健身工程的建设标准与实施对象

《关于实施农民体育健身工程的意见》（体发〔2006〕13号）文件明确规定了农民体育健身工程的建设标准和实施对象，旨在为农村体育设施建设提供具体的参考标准，以确保工程能够有效地满足农民的体育文化生活需求。

工程的建设标准定为至少包括一块混凝土标准篮球场及其相应的基础设施，以保持一定的质量标准和实用性，同时满足农民的基本体育锻炼需求。

此外，文件还鼓励经济条件较好的地区在尊重农民意愿的基础上，根据实际需求增加更多的体育设施，以更好地服务于农村的体育文化生活，提升农民的生活质量和健康水平。就实施对象而言，该工程主要针对符合一定条件的行政村，包括村内无标准的体育场地设施、重视体育工作的积极态度，以及有适合建设体育设施的用地等。

这样的规定旨在确保工程资源能够得到有效利用，优先支持那些最需要体育设施、最有可能通过体育活动促进社会和谐与经济发展的农村地区。通过设定具体的建设标准和明确的实施对象，该工程体现了对农村体育事业发展的系统规划和科学管理，展现了政府推进农村体育事业、提升农民生活质量的决心和努力。既注重基础建设又强调因地制宜、分类指导的实施策略，有助于实现农民体育健身工程的目标，促进农村体育设施的均衡发展，满足广大农民的体育健身需求。

（四）健身工程的实施原则

农民体育健身工程实施原则的制定，反映了项目旨在精确而有效地服务于农民，既提高他们的健身条件也优化生活水平。通过强调“面向基层、面向群众”原则，明确项目的所有计划与活动须紧紧围绕如何更好地为农民提供服务，保障他们能够直接从建设的体育设施和活动中受益，使体育锻炼成为日常生活的一部分，从而有效提升生活质量。

考虑到中国农村地区的多样性，“因地制宜、分类指导”原则要求根据各地的实际条件——包括地理环境、经济水平、文化背景等差异，制定合适的实施方案，以确保项目的成功实施和良好效果。“量力而行、注重实效”原则提倡在项目实施过程中合理规划和利用资源及资金，旨在确保项目既不超出地方政府和农民的承受范围，又能达到明显的改善效果，鼓励在确保工程质量和效益的同时，避免资源浪费，实现资源利用最大化。“引导扶持，不包办代替”原则强调政府在提供必要指导和支持的基础上，更应鼓励地方政府和农民的主动参与和创新，通过引导和扶持，吸引更多资源和力量参与到工程中，促进项目的持续健康发展。这套原则旨在确保工程能够更贴近农民的实际需求，通过有效的策略提升农民的健身条件和生活水平，进一步促进农村社会的全面发展与和谐。

（五）健身工程的投资原则与方式

投资原则与方式的制定，针对农民体育健身工程提供了多元化的资金来源和合理化的建设策略，确保了项目的高效推进。工程突出中央资金的引导作用，并强调地方政府需结合自身实际情况进行投入，构建一个层次分明的投资体系。社会支持与体育彩票公益金作为补充资金源，不仅为工程提供了必要的财务保障，也增强了社会对项目的关注与参与。

建设方式上的指导思想是鼓励有效利用村级公共用地，以达到成本节约和效率提升的双重目的。鼓励农民通过自愿劳动参与建设，既促进了社区内部的协作与团结，也扩大了项目的社会影响力和归属感，同时确保了建设的高效率和广泛覆盖。核心在于动员社区资源与力量，采取低成本高效率的方式完成设施建设，确保资金投入产生最大化的社会和经济效益。

此外，还强调在保障建设质量的基础上提高建设效率的重要性，要求在工程实施过程中平衡经济性、实用性与工程质量、安全性，通过精心规划和严格管理，确保建成的体育设施既满足农民健身需求，又能稳定服务于农村社区。通过政府主导、社会支持与农民参与的投资与建设模式，形成了一个既高效又经济，能持续发展的体系，保障了农民体育健身工程的顺利完成，旨在全面提升农民的身体健康水平和生活质量，为促进社会和谐贡献力量。

（六）健身工程的推进策略

农民体育健身工程的推进策略凸显了其在国家和地方发展规划中的重要位置，确保工程成为促进农村发展的关键一环。此工程不仅彰显了其重要性的全面提升，也保证了工程将接受更系统、全面的规划与支持。各级体育部门需从战略高度认识到农民体育健身工程的重要性，视其为推动社会主义新农村建设的核心内容，并将其纳入地方政府的议事日程和总体规划中。

工程推进策略还包括充分发挥基层党组织村委会在实施中的关键作用。与村委会加强协作，不仅能深入了解农民的实际需求，激发其参与体育活动的热情，也确保工程真正符合农民的健身需求，提高项目的实用性与有效性。此做法有助于加强农民对工程的认同和归属感，从而提高他们的参与度和体育健身热情。能确保工程顺利、高质量完成，策略中还强调了资金使用的监督与审计及建设质量的严格控制。建立完善的资金监管和审计机制，有效防止资金滥用或浪费，确保资金得到合理使用。同时，对建设质量的高标准要求保证了体育设施的安全性和持久性，为农民提供稳定可靠的体育健身环境。推进策略展现了农民体育健身工程实施的系统性和复杂性，呼吁政府、社区组织和农民共同参与，形成强大合力，确保项目的顺利进行和成功实现预期目标，推动农村经济社会发展，提升农民生活品质。《关于实施农民体育健身工程的意见》的发布实施，标志着政府在加强农村体育事业、提高农民健康水平及促进新农村建设方面的重要举措，预期通过该工程显著提升农村体育设施覆盖率和参与率，加强农民体质健康，推进农村社会全面发展。

三、进一步加强农民体育工作指导意见的主要精神

2017年12月24日，农业农村部和国家体育总局联合印发了《关于进一步加强农民体育工作的指导意见》（农办发〔2017〕11号）文件，紧扣党的十九大关于实施乡村振兴战略的重大决策，旨在深化党的十九大精神的落实，全面执行《全民健身条例》《“健康中国2030”规划纲要》及《全民健身计划（2016—2020年）》，凸显了农民体育事业发展在推进乡村振兴战略中的核心作用。文件不仅明确了农民体育工作的重要性、基本要求、关键任务和保障措施，而且使全民健身活动更广泛地覆盖农民，不断提升农民的身体素质，满足其对美好生活的需求。文件强调，农民体育工作作为全民健身国家战略的重要组成部分，特别针对农村人口占我国总人口一半以上的背景，提高农民健康水平是实现全民健身和全民健康的关键。鉴于农民体育工作起步较晚、基础较弱，已成为全民健身工作中的薄弱环节，所以发展农民体育事业、补齐农村体育健身“短板”，成为推进城乡健康事业协调发展、实现全民健身计划的紧迫任务。

为实现上述目标，“指导意见”指出，2020年要实现农村体育健身公共服务水平和乡村居民身心健康水平双提升，基本建立农民健身公共服务体

系，实现“农民体育健身工程”行政村全覆盖，并确保80%的行政村配备至少一名社会体育指导员。指导意见还列出了多项重点任务，如完善健身组织、建设利用场地设施、丰富健身活动、组织赛事活动、加强健身指导等，通过这些综合性措施，明确了各级农业和体育部门的责任，强化了政府、社会组织和企业等多方面的合作与支持，以保障农民体育工作的顺利推进。

第三节　农民体育健身工程的运行逻辑

一、农民体育健身工程的核心运行逻辑

农民体育健身工程，作为中国政府推动农村综合发展的重要措施之一，旨在通过提供基础而广泛的体育设施和活动，改善农村居民的健康状况，丰富其文化生活，并促进社会和谐。这一工程的核心运行逻辑融合了政策引导、社会参与、资金支持和群众基础四个关键维度，确保了工程的顺利实施和高效运行。

（一）政策引导是农民体育健身工程稳步推进的基石

自《关于实施农民体育健身工程的意见》发布以来，国家体育总局及相关部门确立了工程的基本框架和指导思想，强调了面向基层、服务农民的宗旨，明确了因地制宜、分类指导的策略。这些政策不仅为工程提供了方向，也确保了工程的实施能够贴合农村的实际需要和特点。

中共中央办公厅和国务院办公厅近期发布的《关于构建更高水平的全民健身公共服务体系的意见》（2022年3月23日）以及国务院印发的《“十四五”推进农业农村现代化规划》（2021年11月12日）和《全民健身计划（2021—2025年）》（2021年7月18日）等文件，标志着中国对全民健身、体育强国建设及农业农村现代化的重要部署。农业农村部、体育总局、国家乡村振兴局随后发布的《关于推进“十四五”农民体育高质量发展的指导意见》（2022年6月20日），明确提出对农民体育高质量发展的统筹推进，旨在

加速新阶段农民体育健身事业的高质量发展，成为中国农民体育协会和中央农业广播电视学校在“十四五”时期的重要任务。

政策文件加深了对农民体育在新阶段发展重大意义的理解，确立了其在构建健康中国框架中的基石地位。鉴于乡村人口占据我国总人口的三分之一以上，农民的健康状况直接影响到健康中国建设的整体进展和经济社会发展的质量。农民体育不仅构成群众体育的重要部分，更在提升农民的健身意识、健康水平和体质、提高全民整体素质方面发挥着关键作用。农民体育也被认为是推动乡村振兴战略的有力手段，通过促进体育事业与乡村产业、休闲旅游的紧密结合，不仅可以形成新的经济增长点，还能够提升农村的人力资本水平。同时，农民体育有助于推广传统文化体育活动，传承乡土文化，普及科学的健身理念与知识，提高乡村治理能力。农民体育被看作促进农民全面发展的重要途径，旨在帮助农民在实现经济富裕的同时，也能拥有健康的体魄，实现物质与精神、智育与体育的全面提升。一系列政策文件不仅为农民体育工作提供了明确的指导方针，也为促进我国社会主义现代化建设、提升国民健康水平和实现乡村全面振兴提供了重要支持。

为大力推进新阶段农民体育健身事业的高质量发展，提出了包括深入开展农民体育健身赛事活动、打造品牌赛事、丰富运动项目、着力打造农民体育健身活动基地、积极拓展农民体育文化多元功能等多项措施。这些措施旨在激发基层活力，提升农民健身意识，充分利用农村文化体育设施，增强农民健身积极性，促进农民教育培训和农民体育健身有效衔接，打造智育、体育融合发展的样板，进而推进农民体育与乡村旅游、休闲农业融合发展，助力乡风文明建设，增加农民收入，促进乡村体育特色产业发展。此外，还强调了不断加强农民体育人才队伍建设的重要性，通过强化骨干培养、加强智库建设、搭建干事平台等措施，选拔和培养一批有能力的农民体育人才，优化农民体育人才队伍结构，提升农民体育工作的质量水平。同时，各级农民体协和农广校要深入推进理念融合、机构合署、工作互促，共同助力农民全面发展，实现农民体育工作与农民教育培训的互融互促，打造一个全方位支持农民体育发展的良好环境。

（二）社会参与为健身工程的实施注入了活力

社会的广泛参与无疑为农民体育健身工程注入了强劲的活力，形成了既由政府引导又充满社会动力的多元化参与体系。这种合作模式成功地将顶层设计与基层实践相结合，展现了社会各界共同支持农民体育健身事业的热情。

企业与社会组织在资金投入、设施建造和活动策划等方面的积极参与，显著扩展了工程的资源和范围。不仅包括对体育设施建设与维护的资金物资支持，还涵盖举办各种体育赛事和健身活动，为农民提供了更多样化和专业化的体育服务。同时，这些社会力量在传播体育理念、提升农民体育意识方面的作用也不容小觑，有效地将体育健身文化推广至农村每一个角落。个人参与的积极性进一步彰显了工程的普及性和亲民性。无论是通过志愿服务参与工程实施，还是直接参加体育活动享受工程带来的福利，广大农民和社会成员的热情参与为工程深入推广奠定了坚实基础。自下而上的支持不仅增加了工程的有效性和持久性，也让体育活动更加多元和个性化，满足了广泛人群的健身需求。因此，社会的广泛参与不仅为农民体育健身工程的实施提供了强大的支持和丰富的资源，更通过政府与社会的协同作用，显著提高了农民的体育水平和精神文化生活质量，推动了社会的和谐与发展。在这个过程中，参与者既是工程的贡献者也是受益者，共同见证了农民体育健身事业的持续繁荣。①

（三）资金支持是实施农民体育健身工程的重要保障

资金支持在农民体育健身工程中扮演着至关重要的角色，其充足与否直接关系到工程的顺利实施及最终效果。在这个框架下，中央与地方政府的财政投入构成了资金来源的主体，反映了国家对提升农村体育设施、促进农民健康生活的高度重视和坚定承诺。中央政府的资金主要用于引导和激励，而地方政府的投入则更侧重于具体的实施和管理，二者形成了上下联动的资金支持体系。

---

① 沈童睿，苏滨，游仪，等.推动全民健身助力乡村振兴[N].人民日报，2022-05-16（010）.

资金方面，国家以9500万元的引导资金启动工程建设，采用中央资金引导、地方各级政府投资为主、社会支持为辅的建设方式，并利用体育彩票公益金配置器材，鼓励农民自愿投工投劳，充分利用村公共用地进行建设。实施农民体育健身工程是新农村建设中一项投资小、见效快的为民工程，不仅无须增加农民负担，还能直接造福广大人民群众。

社会资金和体育彩票公益金等多元化资金渠道的引入，进一步拓宽了工程的资金来源，增加了资金的灵活性和可持续性。社会资金的参与不仅来自企业的赞助和捐赠，也包括民间资本的投入，这些资金的流入为工程提供了额外的动力。体育彩票公益金的配置是将社会公众对体育事业的支持转化为农民体育健身工程的实质性助力，体现了公益事业与社会需求的紧密结合。

为了确保资金能够高效、透明地被用于工程建设和运营，明确的资金投入原则和方式显得尤为重要。这不仅要求对资金的使用进行严格的规划和管理，也需要通过建立有效的监管和审计机制来实现。通过定期的财务报告、审计检查和公开透明的资金流向，可以确保每一笔资金都能被合理利用，在确保建设质量的同时，最大化工程的社会效益。严格的资金管理机制也有助于提升公众对农民体育健身工程的信任度，促进更多的社会资本投入农村体育事业中来。在这个过程中，资金的有效管理不仅保障了工程的顺利进行，也为农民体育健身工程的持续发展奠定了坚实的基础。通过政府的引导、社会的参与以及严格的监管体系，农民体育健身工程得以充分发挥其旨在提升农民健康水平、丰富农民文化生活的社会价值，成为推动农村综合发展的有力举措。

（四）群众基础是农民体育健身工程成功的关键

农民体育健身工程之所以能够在农村地区广泛开展并取得显著成效，关键在于它深深扎根于农民群众的实际需要与习惯中，构建了坚实的群众基础。这一工程不仅是一个简单的体育设施建设项目，更是一个全面促进农村社会和谐与健康发展的社会工程。通过细致入微地考虑到农民的体育健身需求，以及他们对于体育活动的传统习惯和文化认同，工程能够有效地激发农民的参与热情，使之成为推动工程进展的重要力量。

利用村级公共用地进行体育设施的建设，是农民体育健身工程成功的一个重要方面。这种做法充分考虑了农村地区土地使用的实际情况，既节约了资源，又便于农民参与和使用。同时，鼓励农民义务投工投劳的模式，更是将农民的主动性和自发性调动了起来，让他们在享受体育健身带来的乐趣和健康益处的同时，也为自己的村庄和社区贡献了力量。农民体育健身工程还注重发挥社区力量，通过建立健身指导员制度、组织健身比赛和活动等方式，不仅为农民提供了专业的健身指导和丰富的健身活动，也进一步增强了社区的凝聚力和活力。这些活动不仅吸引了更多农民的参与，还促进了邻里之间的交流和友谊，增强了农民之间的相互支持和合作，为促进农村社会和谐发展提供了强有力的支撑。

通过上述一系列的设计和实施策略，农民体育健身工程成功地构建了坚实的群众基础，使工程本身得以顺利推进和实施，通过体育健身活动的普及，成功地提升了农民的健康水平，丰富了他们的精神文化生活，增强了农村社区的凝聚力和活力，从而有效地推动了农村社会的和谐发展。在这一过程中，农民体育健身工程展现了体育的社会价值，成为连接政府、社会与农民的桥梁，为构建和谐社会贡献了积极力量。

二、农民体育健身工程运行逻辑中的制约因素

（一）收入不足降低了群众参与健身的积极性

我国农村地区经济基础相对薄弱，以农业为主的人口构成导致农民的可支配收入较为有限，这一现状直接制约了他们参与体育健身活动的意愿和能力。加之农村在经济发展水平、文化教育程度上的限制，体育活动的发展显得尤为缓慢和滞后。农村居民在基本生活需求与体育健身之间往往需要做出权衡，经济条件较差的地区农民更可能将有限的收入用于日常生活需求，而将体育活动视为可有可无的支出。因此，提升农民的经济收入水平成为增强其参与体育活动意愿和能力的关键。为有效推进农民体育健身工程，政府在加强体育设施建设和活动组织的同时，亦需通过经济发展手段增加农民的收入。要求政府采用多样化的发展策略，如促进农村经济增长、改善教育和文化设施、增强农民健康意识等，实现体育活动的自我发展能力增强。同时，

农村体育设施的建设和维护资金来源也需得到重视。通过吸引社会资本、利用体育彩票公益金等多种渠道增资，提高资金的使用效率，是支持农民体育健身工程的重要策略。要改变农村体育的现状，促进农民体育健身工程的健康发展，需要政府、社会及农民共同努力，加强对农村经济的支持，提高农民的生活标准，为其参与体育健身活动营造更优条件。同时，拓展发展思路，确保体育活动的可持续发展，是推动农村体育事业长远进步的关键。

（二）健身理念、场地和经费不足削弱了群众健身动力

农村地区在体育意识、经费投入以及体育设施方面存在着一系列问题，需要严谨考虑。传统观念中，体育锻炼往往被认为是非生产性的活动，与农村地区日常的高强度体力劳动相比，体育锻炼的必要性和重要性被相对低估，直接影响到农民群众参与体育锻炼的积极性，制约了农民体育健身工程的深入推广和实施。资金的匮乏是推动农民体育锻炼活动的另一个重要因素。当前，我国农村体育锻炼经费主要依赖于地方自筹，国家拨款在总体资金中占比较小，导致了资金的限制，影响了体育设施的建设和维护，减少了专业体育活动的举办，同时也影响了体育指导和培训的质量。农村地区体育场地的紧缺以及锻炼设施的缺乏是制约农民体育锻炼的物质基础问题。由于农村土地使用的特殊性，难以在建设体育锻炼场馆上达成共识，加之交通、资金等因素的限制，导致锻炼器械难以添置。多数农民只能选择在不太适宜的公共场所进行锻炼，如田间地头、学校操场或其他空旷地带，不仅影响了农民生产生活的正常运行，还可能对学生的学习和周围居民的生活造成负面影响。

要有效解决这些制约因素，需要从增强农民的体育意识和文化素质入手，通过教育和宣传改变传统的观念。同时，增加政府对农村体育锻炼活动的财政支持，吸引社会资本投入，以解决经费不足的问题。此外，还需创新体育设施的建设模式，合理规划和利用农村空间资源，以保障农民体育锻炼活动的顺利进行。这些措施的实施，将为农民体育健身工程的成功推广和持续发展奠定坚实的基础。

（三）政策宣传不足影响了健身氛围的营造

在当前新农村建设的大背景下，农民体育健身工程作为提升农村居民生活质量、促进农民全面发展的重要举措，其意义不言而喻。然而，“农民体育健身工程宣传力度不足”成了制约该工程实施效果的一个关键因素。调查研究显示，大部分农民对于体育健身工程的了解程度不高，甚至有超过一半的农民对此缺乏足够认知，这在很大程度上阻碍了农民体育健身活动的普及和参与度的提升。

宣传力度不足导致的信息覆盖面窄，直接影响到农民对农民体育健身工程的认知和参与。尽管政府部门已经制定了体育健身计划，并在“十三五”期间提出了具体目标，但这些政策和计划传达到基层农民的效果并不理想。宣传上的缺失使许多农民即便是在设施完善、条件成熟的地区，也因不了解而错失参与体育健身的机会。从学术研究的角度来看，有效的宣传不仅需要广泛的信息覆盖，更需要深入人心的教育和引导。仅仅停留在表面的宣传，难以触及农民对体育健身重要性的深层次认识，从而影响到他们的行为转变。此外，农民的教育水平和文化程度的差异也对宣传的接收效果产生了影响，要求宣传方式和内容的多样化和针对性，以确保不同群体都能得到有效信息。

解决这一问题，需要采取多元化、多渠道的宣传策略，提升农民体育健身工程的知晓率和参与度。一方面，可以利用农村广播、电视、网络等媒介，结合村委会、学校等基层组织的力量，开展形式多样的宣传活动。另一方面，通过组织丰富多彩的体育健身活动，如农民运动会、体育知识讲座等，直观展示体育健身的好处，激发农民的参与兴趣。针对“农民体育健身工程宣传力度不足”的问题，需要政府与社会各界共同努力，通过创新宣传方式和内容，增强针对性和实效性，从而推动农民体育健身工程的深入发展，为农村居民提供更广泛、更便捷的体育健身服务，促进农民身心健康，提高生活质量。

三、农民体育健身工程运行逻辑中的补偿机制

（一）补偿机构

补偿机构的设置旨在构建一个多元化的资金支持系统，以保障农民体育健身活动的顺利开展。将“农民体育经费纳入县级财政预算中”，这一措施是保障农民体育健身工程基础经费的直接方式。通过正式将体育经费列入财政预算，不仅能够确保工程有稳定的资金来源，而且也反映了政府对于农民体育发展重视程度的提升。财政性资金的支持对于改善农村体育设施，提高农村体育活动的质量和覆盖面具有重要意义。“充分发挥各省体育彩票中心、企业等的作用”，能够从社会资本方面为农民体育健身工程提供补充。通过将体育彩票的部分收益专项用于支持农村体育发展，既利用了公共资源为农村体育服务，又增加了社会参与和支持农村体育的途径。同时，企业和其他社会组织的参与可以通过赞助、捐赠等形式，进一步丰富农民体育健身工程的资金来源，促进农村体育事业的多元化发展。“保障农民体育健身工程的良性循环，还需要自筹经费”，这一措施是实现农民体育健身工程自我可持续发展的关键。农民体育健身工程在享受政府财政支持和社会资本援助的同时，还应探索自我筹资的方式，如举办有偿的体育活动、开展体育培训班等。通过这些活动不仅可以增加经费来源，还能进一步提高农民体育健身工程的社会影响力和参与度，实现从“输血”到“造血”的转变。①

补偿机构设计通过政府财政预算的稳定支持、社会资本的广泛参与以及工程自身筹资能力的提升，形成了一个全方位、多层次的资金支持体系。这对于保障农民体育健身工程的顺畅实施、提高工程质量与效益，以及促进农村体育事业的长期可持续发展，具有至关重要的意义。

（二）补偿对象

农民体育健身工程中的补偿机制主要聚焦于农民，通过各种形式的支持

---

① 翟元，杜长亮，刘志敏.农民体育健身工程与新农村体育发展[M].南京：河海大学出版社，2014：8.

与激励，旨在提高他们参与体育活动的意愿和频率，从而推进全民健身的目标。在策略上，应当特别关注青壮年农民群体，他们因具备较好的教育背景和对体育活动的开放态度，易于成为体育活动的积极参与者。为他们提供量身定做的体育项目和活动，配合必要的设施支援，不仅能够激发他们的健身热情，而且还能利用他们的影响力带动更广泛的农民参与其中。建立一个包含物质和精神双重激励的多元化补偿机制十分关键。除了传统的物质奖励，更应该深入挖掘农民参与体育活动的内在动机，通过如表彰、授予荣誉证书、提供专业健身指导等非物质奖励方式，增强他们对体育活动的归属感和满足感。通过社区组织的支持与认可，增强农民的社会责任感和集体归属感，促使他们更积极地参与体育活动。促进农民体育健身工程向社会化发展转变，除了依赖政府直接的投入和支持，还应积极吸引社会资本、企业和非政府组织等参与到农民体育健身活动的资助和管理中来。通过建立广泛的合作伙伴网络，集合各方力量为农民体育健身提供更全面的支持，既可以扩大补偿机制的影响范围，也能实现资源的有效整合和利用。

（三）补偿内容

补偿机制的内容主要聚焦于健康观念的普及和场地设施的优化，这两方面是推动农村体育事业发展的基石。

1.健康观念的补偿

健康观念的补偿远远超越了知识普及的层面，它涉及文化和观念的深层次转变。在长期的生产生活实践中，农民群体形成了独特的生活方式和健康观念，这种观念往往以实用主义为核心，认为“无病即健康”，而未能充分认识到体育锻炼在预防疾病、提升生活质量方面的重要性。针对这一现状，通过科学的健康教育，借助现代媒体、社区活动等多元化方式，向农民普及体育锻炼与健康之间的紧密联系，成了补偿农民健康观念的关键。同时，定期为农民群体提供免费的健康检查服务不仅能够有效增强他们对健康的认识，还有助于早期发现和预防疾病，从根本上改善其生活质量。

2.场地设施的补偿

场地设施的补偿是农村体育发展的基础性工作，旨在解决农村地区体育设施不足的问题，进而提高农民体育锻炼的积极性。受限于经济条件与地理环境，农村体育设施的缺乏已成为制约当地体育活动发展的重要因素。为此，多途径增加投资，改善农村体育设施的现状显得尤为重要。一方面，通过加强对农村学校体育设施的共享使用，既可以最大限度地利用已有资源，又能够促进学校与社区间的交流与合作；另一方面，对新建设施进行科学规划与合理布局，旨在确保体育设施既能满足农民的健身需求，又能与农村的整体发展战略保持一致。同时，强化对村委会、社区中心等公共场所体育设施的建设与改善，有助于实现体育健身活动的全民参与。这些措施的实施，不仅能够提升农民参与体育活动的热情与满意度，而且对促进农村社区的健康和谐发展具有重要意义。实现这一目标，需要政府、社会各界及农民本身共同努力，形成强大的合力，以确保农民体育健身工程的成功推进和可持续发展。

（四）补偿方法

在农民体育健身工程的实施过程中，补偿机制的设计与应用对于激发农民的参与热情、提升项目的实施效果具有至关重要的作用。考虑到农村的特定社会文化环境和农民的生活习惯，补偿方法的选择需贴合农村的实际情况，从而达到更好的推广和应用效果。以下是几种切实可行的补偿方法，旨在全面促进农民体育健身活动的普及和发展。

1.搭乘节日和传统庆典的便车做好体育活动的推广

在农村社区中，节日和传统庆典往往蕴含着独特而浓烈的传统文化气息，传统文化气息是人民群众倍感亲切的微量元素，在节日和传统庆典中安排具有传统文化气息，或者影响面广的集体项目类体育表演、展示，将有效激发群众参与体育健身运动的兴趣和热情。例如，在春节或中秋节期间，组织一些融合了文化元素的体育活动，比如反映民族风情的体育比赛和展示，不仅能够增添节日的文化内涵，还能激发农民群众对于体育健身的热情与兴趣。

通过策划与特定节日背景相结合的体育活动，如“迎春杯”或“中秋健身赛”，不仅能够巧妙地利用农村社区的节日文化特色，还能有效地推广体育健身的理念。这种做法不仅能促进体育活动的普及，还能推进社区成员之间的联系，增强社区的凝聚力。通过这些活动，可以让人民群众在享受节日欢乐的同时，也能意识到体育健身的重要性，进一步强化健康意识。

此外，将体育活动与传统文化结合起来，不仅是一种推广体育健身的策略，还是一种传承和弘扬民族文化的方式。通过体育活动展现传统文化的独特魅力，可以让更多的人了解并欣赏到本土文化的深厚底蕴，同时也为保护和传播这些珍贵的文化遗产作出贡献。[①]

2.注重将体育活动与娱乐活动捆绑进行

在农村的宽敞天地里，尤其是那些农闲季节，生活的节奏似乎放缓了下来，留给了人们更多的空闲时间。这个时候，一个新颖而富有创意的想法浮现出来：为什么不把体育锻炼融入日常娱乐中，既活跃了社区气氛，又增强了居民的身体素质呢？想象一下，在这样的背景下，体育活动不再是枯燥的运动训练，而是变成了一场场社区的盛大聚会。

可以从一些简单而又充满乐趣的项目入手，比如拔河。这项活动不仅能拉近人与人之间的距离，还能在大笑中增强体力。又或者是乒乓球，一项几乎在任何地方都能轻易展开的运动，它不仅仅是球拍与小球之间的对话，更是人与人之间欢声笑语的交流。那些扎根于乡土的传统民间游戏，像是一座桥梁，连接着现代与传统，激发了社区居民对于文化的自豪感和归属感。

这样的转变或许能够让一些原本对体育锻炼有所顾虑的朋友改变看法。他们会发现，原来锻炼身体不仅不是时间的浪费，反而是一种充实生活、享受生活的方式。这种活动的推广不需要太多的成本和复杂的设备，只需要一颗愿意参与、愿意分享的心。最终，这不仅仅是关于体育锻炼的事情，更是关于如何利用我们的空闲时间，以及如何通过这些简单的活动，来增进邻里间的友情，强化社区的凝聚力。通过创意和乐趣的注入，体育活动在农村社区中的形象将被彻底转变，它会变成一种生活的仪式，一种文化的传承和一种健康生活方式的推广。

① 刘志敏.农民体育健身工程与和谐社会[M].沈阳：辽宁大学出版社，2009：8.

3.定期举办农运会并带动农民参与

在各个镇定期举行农运会，不仅为农民提供了一个集中展示体育健身活动的舞台，而且也是促使他们积极参与体育锻炼的关键途径。这些活动通过组织竞技比赛和技能展示，增强了农民对于体育锻炼的认识和热情，提供了一个宝贵的平台，让他们有机会展现自我并与他人进行经验交流。

举办农运会的意义远不止于此。它通过体育比赛的形式，加深了农民对体育的理解，让他们认识到体育锻炼不仅仅是一种提升身体素质的活动，更是一种促进心理健康、增进社区凝聚力的有效方式。参与者在这样的活动中不仅锻炼了身体，还培养了团队合作和公平竞争的精神。农运会为农民提供了一个展示自己技能和成就的舞台，从而提高了他们的自信心和归属感。在这个过程中，不同村镇的农民能够相互交流、学习，分享各自的训练方法和体育经验，从而提高整个社区的体育水平。农运会还能够作为一种激励机制，鼓励农民持续参与体育活动，逐步形成积极健康的生活方式。通过对优秀参与者的表彰，可以激发其他农民的参与热情，从而促进体育运动在农村地区的普及和发展。农运会的成功举办，还能够吸引政府和社会各界对农村体育事业的关注和支持，为农村体育设施的改善、教练员的培训等提供更多资源，从而在更广泛的层面上推动农村体育事业的发展。这种活动方式，通过体育将农民紧密地联结在一起，为建设更加和谐健康的农村社会贡献了力量。

4.利用好集市和国民体质监测车做好健身宣传

在农村集市等人流密集场所开展体育健身工程宣传讲解、进行现场互动。在国民体质检测车进行健康检查和体质测试的同时，向群众发放体育健身宣传资料做好宣传，都可以激发群众参与体育活动的兴趣。

（五）补偿项目

在农民体育健身工程中，补偿机制的有效实施对于提升农村居民参与体育活动的积极性具有关键作用。特别是补偿的项目选择，它需要细致考量农村地区居民的实际需求、文化背景、生活习惯以及地域特性，以确保这些体育项目既能吸引广泛参与，又能实现预期的健身效果。以下是对补偿项目进行细分的学术性分析，具体包括民俗项目、竞技项目和娱乐项目的针对性实施策略：

1.通过民俗项目的实施

在农村地区，拔河、荡秋千、踢毽子等民俗体育项目因其简易的参与门槛及深植于地方文化的根基而广受欢迎。这些活动不仅让人易于上手，参与其中，而且还承载了浓郁的地方文化意义。实施这些民俗项目的策略中，关键是深入挖掘和充分利用各地区特有的民俗体育资源，紧密结合当地的传统节庆和习俗，策划和组织一系列富有地方特色的民俗体育活动。这样做不仅能增强体育活动的文化魅力，还能显著提升群众的参与热情。为了使这些传统活动更加丰富多彩，还可以逐步融入一些简化版的现代体育元素，旨在通过专业指导人员的引导，进一步提高农民群众的体育技能和对体育活动的兴趣。例如，在拔河比赛中引入团队战略训练，或者在踢毽子活动中加入技巧挑战，以此来丰富活动的内容，提升技能水平。通过组织这些与当地文化紧密相连的体育活动，不仅可以加深农民对本土文化的理解和自豪感，还可以促进社区间的交流与合作，增强社区凝聚力。同时，为年轻一代提供了学习和体验传统文化的机会，有助于传统文化的传承与发展。

2.通过竞技项目实施

在推广竞技体育项目的过程中，乒乓球、篮球、足球等项目由于其对参与者的体能与技能具有一定的挑战性，同时因其独特的观赏性和竞争性，极大地激发了农民群体的参与热情。为了有效地推广这些体育项目，关键在于确保基础训练设施和设备的普及，同时通过定期组织技能培训和比赛活动，持续激发农民的参与兴趣和维持他们的活跃度。

提供基础设施和设备是推广这些竞技项目的首要步骤，因为适宜的训练环境和必要的器材是进行体育活动的基础条件。在农村地区，意味着需要投入一定的资源来建设或改善体育场地，以及购置球类、拍类等基本的运动器材。通过政府、企业和社会的共同努力，可以为农民提供更好的体育锻炼环境。定期的技能培训和比赛活动是维持农民参与兴趣的有效方式。技能培训可以帮助农民掌握正确的运动技巧，提高个人的运动水平，而比赛活动则提供了展示自我的平台，增强了参与者之间的交流和竞争。这不仅促进了农民体育技能的提升，还加深了他们对竞技体育的理解和爱好。针对不同地域的气候和季节特点选择适宜的竞技项目进行推广，是实现体育活动高效参与的另一策略。例如，在气候温暖的南方地区，可以重点推广篮球和足球等户外项目；而在寒冷的北方地区，室内项目如乒乓球则可能更受欢迎。这种策略不仅能够确保体育活动的持续进行，还能满足不同地区农民的健身需求和偏好。

3.通过娱乐项目实施

在农村的广场上，随着移动音乐播放器的旋律，人们聚集起来跳起了广场舞，或是在春日的田野里扭起了秧歌，孩子们则在旁边放着风筝，享受着风的自由。这些活动，如广场舞、扭秧歌、放风筝等，因其浓厚的趣味性和社交性，成了农村特定人群如儿童和妇女的喜爱。组织这类娱乐性体育项目，重点在于它们的简便性和广泛的可接受性。也就是说，在最小化的资源和空间需求下创造出最大的身心健康和娱乐效益。

利用农村的广场或学校的操场作为活动场地，再加上一台移动音乐播放设备，便能轻松地将这片开阔空间转变为充满活力的舞台。对于孩子来说，组织一些像丢手绢、跳绳这样的传统游戏，不仅对他们的身心健康大有裨益，还有助于传承珍贵的传统文化。

第四节　社会治理视域下农民体育健身工程的推进

在社会治理的视域下，农民体育健身工程的推进不仅是一个提升农村居民身体素质和生活质量的运动项目，更是一个涉及社会政策、经济发展、文化传承与创新的复杂社会工程。这一工程的实施既是对现代社会治理模式的挑战，也是对社会治理能力的考验。

一、多元主体的协同参与

社会治理领域内，农民体育健身工程的推进凸显了多元主体协同参与的重要性。政府、市场、社会组织以及农民等各方的共同努力，构成了现代社会治理多元化格局的一个缩影，也是确保该工程顺利进行的核心要素。政府在这一进程中的作用逐渐向政策引导与资源协调转变，通过实施财政补贴、税收优惠等措施，旨在激励更多市场和社会力量的参与。此外，政府还需要负责资源的合理分配，保证农村地区能够得到必要的体育健身资源，满足基本的设施建设需求。

市场主体和非政府组织（NGO）的参与，为工程带来了新的活力和创新动力。市场主体通过投资体育设施建设、提供健身服务等形式参与农民体育健身活动，而NGOs利用其灵活性和丰富的社会资源，开展各种体育宣传、培训和活动，有效地鼓励农民群体积极参与健身活动。虽然政府和社会力量的支持为农民提供了良好的体育健身环境，但最终农民的健身意识、愿望和实际行动才是实现目标的关键。通过提高农民的健身知识和技能，增强他们的健身意识，从而提升其参与体育健身活动的积极性。

总之，农民体育健身工程的实施和成功依赖于政府、市场、社会组织和农民等多元主体的共同努力和紧密合作。通过建立有效的合作机制、资源共享和优势互补，可以显著提高工程的执行效率和成效，从而促进农民的身心健康发展，进一步推动社会的和谐与稳定。

二、基于社区的参与治理

基于社区的参与治理模式在农民体育健身工程中的应用，体现了一种深入民心、根植于社区文化与实际需求的治理思路。此模式之所以能够有效推进体育健身工程，关键在于其深度融合了社区的内在动力和外部资源，构建了一个既注重社区自治也强调外部支持的多元化治理体系。在此框架下，社区不再是被动接受服务的对象，而是变成了参与决策、实施和评估的主体，这种变化极大地提高了项目的实施效率和效果。通过深入的调查研究和公开座谈会，社区居民的需求和期望得以明确反映，不仅为体育健身工程的具体规划提供了科学依据，也极大提升了项目的社会接受度和参与热情。此外，这种由底向上的沟通机制有助于及时发现和解决项目实施过程中可能出现的问题，确保体育健身活动能够真正符合社区居民的实际需要，增强其实效性和针对性。利用社区内部的资源和网络，是基于社区的参与治理模式的另一大特色。社区内部蕴藏的各类资源，如公共设施、空闲空间、社会组织和个体才能等，被充分动员和利用，既节约了项目成本，又增强了社区的自主发展能力。通过这种资源整合，不仅为体育健身活动的开展提供了物质和空间保障，也促进了社区成员之间的互动和协作，增强了社区的凝聚力和身份认同感。社区居民在体育活动的规划、执行和评估等各个环节中的广泛参与，是确保体育健身工程贴近民心、符合实际需要的关键。居民们不仅可以提供宝贵的意见和建议，还可以通过参与活动的组织和实施，直接贡献于社区的体育健身事业。这种参与感不仅让居民们感受到了项目的成效，也使他们在享受体育健身乐趣的同时，加深了对社区的归属感和责任感。同时，居民参与的反馈和评估机制，为项目的持续改进和优化提供了动力，保证了活动能够持续适应社区需求的变化，增强了工程的可持续性。基于社区的参与治理模式通过强化社区意见和需求的收集，充分利用社区资源和网络，以及促进社区居民的广泛参与，最大化地调动了农民的积极性，确保了体育健身活动的针对性、实效性和可持续性，为促进社区内部的协商、合作与共治打下了坚实的基础。

三、农民体育组织的参与

通过建立农民体育组织、开展自我管理的体育活动，不仅可以提升农民的健身技能和健康水平，还可以增强社区内部的互助合作精神，促进乡村社会的和谐发展。在这个过程中，还需注意体育健身活动的科学化和系统化，避免盲目健身可能带来的身体伤害，确保农民体育健身工程的可持续发展。

通过组织和参与各类体育活动，农民能够在日常的劳作之余找到身心放松的途径，这种转换不仅有助于缓解身体的疲劳，还能够有效减轻心理压力，提升生活的幸福感。这些活动通过增进村民之间的交流与互动，有助于构建紧密的社区关系网，加深邻里间的了解和信任，从而营造出一个和谐共生的社区环境。农民体育组织作为推进体育健身工程的基础力量，可以组织定期的健身活动，如跑步、篮球、羽毛球等，这些活动不仅能够丰富农民的业余生活，还能够激发他们对健康生活方式的追求。同时，通过这些活动的组织和参与，能够有效提升农民群体的组织能力和自我管理能力，为乡村治理提供新的思路和模式。此外，农民体育组织还可以作为一个重要平台，促进农民与政府、社会组织之间的沟通和协作，为农民争取更多的支持和资源，进一步推动体育健身工程的发展。然而，推动体育健身工程的过程中，也应重视活动的科学性和系统性，避免由于缺乏正确引导而造成的运动损伤。农民体育组织在开展活动时，应邀请专业的健身指导员或体育教师进行科学指导，确保每一项体育活动都能够在安全的前提下进行。同时，还应根据农民的身体状况和兴趣爱好，设计多样化的健身计划，既能满足不同人群的需求，也能避免单一的运动模式带来的身体伤害。通过这些细致入微的安排，不仅能够确保农民体育健身工程的有效实施，还能够提高农民参与体育活动的积极性和持久性，为实现工程的长期目标奠定坚实的基础。

四、引导公众积极参与

增强公众参与意识是推进农民体育健身工程中一个非常关键的环节。要有效提高农民对体育健身重要性的认识，需要通过多渠道、多形式的宣传教育活动，将体育健身的价值深入人心，从而激发他们参与体育活动的热情，并形成持续的健身习惯。

举办体育节是增强农民体育健身参与意识的有效方式之一。体育节可以设计包括传统体育项目和现代健身活动在内的多种比赛项目，以满足不同年龄层、不同兴趣爱好者的需求。例如，在湖南省某乡村举办的年度体育节中，不仅有篮球、足球等传统比赛项目，还包括了广场舞、太极拳等适合老年人参与的活动，大幅提升了全民的参与度，也增进了村民之间的互动与团结。

定期组织健康讲座是提高农民健康意识，增强体育健身参与意识的另一有效途径。邀请医疗健康专家或知名体育教练来到农村，围绕如何科学健身、如何预防运动伤害等话题开展讲座，可以帮助农民充分理解体育锻炼的重要性和科学方法，从而更加积极主动地参与到体育活动中来。例如，四川省的一个农村社区就成功举办了“科学健身，健康生活”主题讲座，吸引了大量村民参与，收获了良好的社会反响。

组织体育比赛是激发农民参与体育活动热情的直接方式。通过设置适合农村地区的体育比赛项目，如田径、乒乓球、羽毛球等，不仅可以为农民提供展示自我、挑战自我的平台，还可以通过比赛激励他们在日常生活中持续进行体育锻炼。在江苏省某乡镇举办的乡村体育大赛中，村民们积极参与各项比赛，通过体育比赛增强了团队协作能力和集体荣誉感，同时也促进了体育文化的传播和健康生活方式的形成。

鼓励农民分享自己的体育锻炼经验和成果，是增强公众参与意识的重要手段。通过组织“我和体育健身的故事”分享会，邀请在体育健身方面有所成就的农民来分享他们的经验和故事，不仅可以激发听众的健身热情，还能传播正确的健身观念和方法，形成积极向上的体育文化氛围。这种形式的活动在浙江省某农村就取得了显著效果，成功激发了村民参与体育活动的热情，促进了健康生活方式的普及。

五、创新体育健身模式

针对农村特定的社会文化和经济环境，创新适合农村特点的体育健身模式至关重要。例如，开发适合农村环境的低成本、易维护的体育设施，设计符合农民生活习惯的健身项目，利用现代信息技术，如手机App、在线视频等，提供远程健身指导服务等。这些创新模式能够为农民提供更加便捷、高效的健身方式，满足不同人群的健身需求。

例如，在河南省的一些农村地区，考虑到经济条件限制，当地政府和社区组织合作开发了一系列低成本、易维护的体育设施。例如，利用废旧轮胎、木材和简易金属构建的户外健身器材，不仅大幅度降低了设施成本，而且充分利用了可回收材料，既环保又经济。这种创新模式极大地提高了农村地区体育健身的可及性。在广东省的一些农村社区，根据农民的日常工作习惯和体力特点，专门设计了一套“劳动体操”，结合农民日常的劳作动作，如耕种、插秧、收割等，转化为一系列有氧健身动作。通过社区中心和在线平台的推广，这一健身项目受到了农民的广泛欢迎，有效提高了他们的身体健康水平。针对农村地区健身指导资源的缺乏问题，山东省的一项创新项目通过开发手机App和在线视频教程，提供专业的健身指导和营养建议。这些

App和视频教程覆盖了从基础健身动作到专业训练计划的广泛内容，农民可以根据自己的健身水平和需求选择合适的教程进行学习。此外，这些平台还提供了线上咨询服务，使农民能够在进行体育锻炼时获得专业的指导和反馈。在云南省的某些农村地区，社区组织利用微信群等社交媒体平台，发起“万步走”等健身挑战活动，鼓励村民记录并分享自己的日常步数和健身成果。通过设置奖励机制，如步数达标者可以获得小礼物或健康产品，极大地激发了农民参与体育健身的积极性。这些创新体育健身模式的实施为农民提供了更加便捷、高效的健身方式，有效满足了不同人群的健身需求，促进了农民的身心健康，增强了农村地区的社会活力和凝聚力。

六、政策支持与制度创新

政策支持与制度创新是推动农民体育健身工程顺利进行的重要保障，关键在于实现针对性与操作性的高度结合，同时构建长效机制以保证项目的持续发展。政策的设计应紧密围绕农村地区体育设施短缺等实际问题，出台具有针对性的补助政策，如财政资助，以支持体育场所和健身路径的建设或升级。考虑到农民的经济条件和生活习惯，政策中还应包含免费或低成本开放体育设施的措施，降低农民参与体育活动的经济负担。制度创新方面，应注重构建激励机制，如体育活动积分制度，鼓励农民积极参与体育活动，并通过积分兑换奖励，从而提高参与度和持续性。同时，通过建立社区体育志愿者队伍，不仅能有效利用社区资源，促进居民间的联系和互助，还能增强体育健身活动的组织力和推广力。此外，完善体育设施的共享与利用政策对于提升工程效率至关重要。推动多功能体育场地的建设，设计能够满足多种体育活动需求的综合性设施，不仅节约土地资源，还能满足农民多样化的健身需求。通过建立体育设施共享平台，鼓励学校、企业和社区共享资源，可以为农民提供更加便捷和多样化的体育健身环境。加强对体育健身活动的质量监管同样重要，可以通过体育健身服务认证制度确保服务提供者的资质和服务的专业性及安全性。建立体育活动安全管理制度，对活动的安全管理提出具体要求，预防和减少安全事故，保护参与者的健康。通过针对性强、操作性高的政策设计和持续的制度创新，可以为农民体育健身工程提供坚实的支持与保障，进而推动社会治理的现代化，提高农民的生活质量，促进农村社会的全面健康发展。

第五节　实施农村体育教育助推农民体育健身工程

在推进农民体育健身工程的过程中，农村体育教育扮演着至关重要的角色。体育教育不仅能够提高农民的体育知识和技能，增强他们的健康意识，还能够通过教育的力量，促进体育文化在农村地区的传播和普及，形成积极向上的体育健身氛围。以下是基于学术研究和实践经验对做好农村体育教育，助推农民体育健身工程的策略分析。

一、建立多元化的体育教育平台

注重整合农村地区现有的教育资源，包括学校、社区中心、村委会等，建立起多元化的体育教育平台。通过这些平台，可以组织举办各类体育教育活动，如体育知识讲座、健身指导课程、体育技能培训等，为农民提供系统的体育学习和锻炼机会。此外，还可以利用现代信息技术，开发在线体育教育资源，让农民能够随时随地学习体育知识和技能。

除了与当地教育资源整合外，建立多元化的体育教育平台还可以考虑与民间体育组织、志愿者团体等社会力量进行合作。这些组织通常在体育推广和普及方面有着丰富的经验和资源，他们可以为体育教育平台提供更多元化、更具创新性的活动内容和形式。例如，可以邀请民间体育教练或运动员定期到农村地区开展体育培训营或示范活动，为农民展示不同类型的体育运动和训练方法，激发他们对体育运动的兴趣和热情。例如，在某市郊区，组织一项名为“农村体育进校园”（CRPS）的计划。该计划利用学校作为体育教育平台，通过整合学校、社区和村委会等资源，为农村地区的学生和农民提供体育教育服务。在这个项目中，学校成了一个多功能的体育教育中心，不仅为学生提供体育课程和训练，还向周边农民开放，提供健身设施和指导服务。通过CRPS项目，农村地区的学生和农民可以参与各种体育活动，如足球、篮球、乒乓球等，同时接受健身指导和体育知识培训。此外，项目还组织了体育比赛、康体活动等，激发了农民的体育兴趣，促进了社区的体育文化建设。同时，利用现代信息技术，该项目还开发了在线体育教育资源，让农民能够通过互联网学习体育知识和技能，提高了教育的覆盖范围和效果。这个案例充分体现了政府整合资源，建立多元化的体育教育平台，为农民提供了系统的体育学习和锻炼机会，推动了农村体育健身工程的发展。

二、做好农村青少年公益体育教育

通过乡村青少年体育教育公益实践，能有效提升广大农村青少年体育教育质量。具体来说，政府要积极出面与社会公益力量之间做好协同，“各司其职”。政府规划好农村地区体育教育的蓝图，通过政策倾斜和财政扶持对农村体育教育予以大力支持，公益力量积极响应政府号召，设计普惠性公益项目，以满足大量农村青少年的体育教育需求。体育社会组织多集中在县市以上区域，农村地区普遍不足。社会公益组织要满怀“情系基层、服务人民”的热情，号召和发动其他组织和个人成立乡村一级的公益性体育社会组织，承担乡村体育活动开展和常态化赛事组织职能。既有利于体育教育，还能减轻体育社会组织缺失对农村体育发展的不利影响。政府和社会公益力量要注重建立公益项目跟进和监督机制，确保农村体育教育公益项目实效。农村体育教育质量的提高需要较长时间的沉淀和跟进，公益项目的设计和实施需要较长的时间周期，建立有效的监督和跟进机制非常重要。项目完成后，要及时总结困难和经验，发布项目成果报告，确保项目有始有终，为农村体育教育的长效发展提供理论和经验支撑。

三、强化体育教师和指导员的培训与支持

加强体育教师和社区体育指导员的专业培训，是提高农村体育教育质量的有效途径。通过定期组织培训班、研讨会等形式，提升他们的教学能力和专业水平，使他们能够更好地服务于农民体育健身工程。同时，要注意为体

育教师和指导员提供必要的物质和政策支持，以激励他们在推广体育教育和健身活动中发挥更大的作用。

除了加强体育教师和指导员的专业培训外，还应该注重建立持续的支持机制，以确保其在农村体育教育工作中的积极性和动力。包括建立专门的咨询热线或在线平台，供体育教师和指导员随时获取支持和解决问题的渠道。同时，可以设立奖励机制，对在农村体育教育工作中表现突出的教师和指导员进行表彰和奖励，以激励更多人积极投入到这一事业中来。

此外，可以考虑建立体育教师和指导员交流平台，促进他们之间的经验分享和互助合作。通过定期组织教学经验交流会、实践观摩活动等，让他们学习借鉴他人的成功经验和教学方法，提升自身的教学水平和专业能力。同时，鼓励他们参与到体育教育课程和活动的设计和改进中来，充分发挥他们的主体作用和创造性，使农村体育教育工作更加富有活力和效果。例如，江苏省某市设置了农村“体育教育发展项目”，该项目致力于提高农村地区的体育教育质量，其中一项关键举措是强化体育教师和指导员的培训与支持。具体来讲，一是政府通过设立培训班、举办研讨会等形式，为农村地区的体育教师和社区体育指导员提供专业培训。培训紧密结合实际，内容包括体育课程设计、教学方法、体育技能培训等，通过理论学习和实践操作相结合，帮助体育教师和指导员掌握最新的教学理念和技能。二是政府投入资金改善体育设施，提供教学器材和健身器材，为体育教师和指导员提供更好的工作条件。三是制定提高待遇、奖励优秀教师和指导员等相关政策，以增强工作动力和积极性。这些举措的实施，显著提升了农村体育教育质量，农民参与体育健身活动的积极性和效果也得到了增强。这个案例充分体现了加强体育教师和指导员培训与支持，对于推动农村体育健身工程的重要意义。

四、做好体育文化和理念的传播和普及

体育教育的一个重要目标是促进体育文化在农村地区的传播和普及。需要通过教育活动，向农民传达体育锻炼的重要性，树立正确的体育观念和健康理念。同时，结合农村地区的文化特点和习俗，发展具有地方特色的体育项目，激发农民对体育活动的兴趣和热情，形成积极健康的体育文化氛围。

为了促进体育文化在农村地区的传播和普及，除了传达体育锻炼的重要性外，还可以利用传统节庆和民间活动等机会，开展丰富多彩的体育文化传播活动。例如，在重要节庆或庆典活动中，安排体育表演、传统体育竞赛等项目，吸引农民参与并增加他们对体育文化的认同感和兴趣。同时，通过举办体育文化展览、讲座等形式，向农民介绍体育文化的历史渊源、发展演变和与当地传统文化的关联，增强他们对体育文化的了解和认同。

另外，可以组织体育文化体验活动，让农民亲身参与体育项目的学习和体验，深入感受体育文化的魅力和乐趣。例如，举办传统体育游戏比赛、民俗体育表演等活动，让农民亲身参与其中，感受传统体育项目的独特魅力和文化内涵。通过这些活动，不仅可以丰富农民的体育文化生活，还可以增强他们对体育文化的认同和传承意识，推动体育文化在农村地区的传播和普及。例如，“全民健身计划”，旨在促进全民健身，包括农村地区在内。在该计划下，政府通过各种教育活动，向农民传达体育锻炼的重要性，树立正确的体育观念和健康理念。例如，政府会组织体育课程、健身活动、运动比赛等，覆盖农村地区的学校、社区和村委会，向农民普及体育知识和技能，提高他们对体育的认知和参与度。

与此同时，政府也要注重发展具有地方特色的体育项目，以满足农民的体育需求和兴趣。在农村地区，政府鼓励开展传统体育项目和民间体育活动，如传统武术、龙舟竞赛、传统体育节日等。这些活动不仅有助于传承和弘扬中国传统体育文化，也能够激发农民对体育活动的热情，推动体育文化的传播和普及。通过全民健身计划的实施，我国农村地区的体育文化得到了有效的传播和普及，农民参与体育活动的意识和积极性得到了提高，有助于促进农村地区的健康发展和社会稳定，为全民健康提供了坚实的基础。

五、开展有针对性的体育教育研究

为了更有效地推进农民体育健身工程，需要开展针对性的体育教育研究。这些研究应聚焦于农村体育教育的实际需求和问题，探索适合农村地区的体育教育模式和方法，评估体育教育活动的实施效果，为政策制定和实践提供科学依据。

从调查研究开始，深入了解农村地区的体育教育现状、农民的体育需求和参与情况，以及存在的问题和障碍。通过问卷调查、实地走访、深度访谈等方法，收集农民对体育教育的意见建议和需求反馈，为后续研究提供基础数据和参考意见。在体育教育内容和方法方面展开研究，探索适合农村地区的体育教育模式和课程设计。包括研究农村地区的体育文化特点和习俗，结合当地资源和条件，设计符合农民实际情况和需求的体育教育课程和活动。同时，可以借鉴国内外成功的体育教育经验，结合农村实际情况进行创新和改进，探索更适合农村地区的体育教育方法和策略。开展体育教育效果评估研究，对已实施的体育教育活动进行评估和反馈，了解其对农民体育参与和健康水平的影响。通过定量和定性分析，评估体育教育活动的实施效果和成效，发现存在的问题和不足之处，为进一步改进和提升提供科学依据和指导建议。同时，开展体育教育政策和管理机制研究，探索农村体育教育政策的制定和实施机制，促进体育教育工作的健康发展和持续推进。

例如，由中国体育科学研究院等机构主导，开展了针对性的体育教育研究项目。研究人员深入农村地区进行田野调查，了解当地农民的体育健身需求、现状和问题。通过定量和定性的研究方法，他们探索了适合农村地区的体育教育模式和方法，包括教学内容、教学方法、教材编写等方面的创新。他们还评估了体育教育活动的实施效果，分析了存在的挑战和问题，并提出了相应的改进措施和建议。通过这项研究，研究人员为政府部门和农村体育教育机构提供了科学的决策依据。他们的研究成果被纳入了相关政策制定和实践推广中，促进了农村体育教育的发展。同时，这个项目也为国际上关于农村体育教育的研究提供了宝贵的经验和启示，对于推动全球农村体育健身工程的发展具有重要意义。

第五章

社会治理视域下农村体育产业的高质量发展

农村体育产业作为推动经济社会发展和提升国民身体素质的重要领域，其发展质量关系着体育事业的总体布局和乡村振兴战略的顺利实施。本章回顾和分析了我国农村体育活动的产业价值，梳理了农村体育产业发展现状、面临的困境以及可能的突破口，探讨了社会治理视域下农村体育产业面临的转型机遇和发展挑战，提出了科技创新、产业融合、特色开发等多元化高质量发展策略。本章的学术价值在于为农村体育产业的可持续发展提供了理论依据和实践指导，也为社会治理贡献了重要参考和借鉴。

第一节　我国农村体育活动的产业价值挖掘

一、农村体育活动的产业价值体现

（一）农村体育活动的社会价值

农村体育活动产业的蓬勃发展，为乡村居民提供了更为广阔的健身娱乐平台。随着产业化进程的加速，各类体育设施和服务逐渐完善，乡村居民能够在家门口就享受到高质量的体育资源。不仅极大地方便了他们的日常锻炼，也在无形中提升了他们的健康水平和生活质量。身体是革命的本钱，乡村居民身体健康的提升，无疑为乡村社会的持续发展奠定了坚实的基础。

农村体育活动产业的兴起，有力地促进了乡村社会的和谐稳定。体育活动本身就是一种社会交往的媒介，它能够将人们聚集在一起，共同分享运动的快乐。在产业化运作下，这种社交功能被进一步放大。乡村居民在参与体育活动的过程中，不仅锻炼了身体，更增进了彼此之间的了解与友谊。这种亲密的社区关系，无疑为乡村社会的稳定和谐提供了有力的保障。

农村体育活动产业的发展，显著提升了乡村社会的凝聚力。通过组织各类体育活动，乡村居民有机会共同参与、交流合作，从而增进了彼此之间的联系与了解。这种社会交往不仅有助于构建和谐融洽的邻里关系，还强化了乡村社会的团结与协作精神。在产业化推动下，体育活动成了连接乡村居民心灵的纽带，促进了社会资本的积累，为乡村社会的长期发展奠定了坚实基础。

农村体育活动产业的发展也为乡村社会治理提供了新的路径。通过体育活动的组织与管理，乡村社会的自治能力得到提升，居民在参与过程中学会了自我管理与自我约束。同时，体育活动作为一种积极向上的社会活动，有助于培养乡村居民的规则意识和公平竞争精神，进而推动乡村社会的法治化进程。这种社会治理价值的体现对于促进乡村社会的稳定与发展具有重要意义。

（二）农村体育活动的文化价值

农村体育活动产业的发展，不仅是对经济的推动，更是对乡村体育文化的一次深刻挖掘与重塑。这一产业的发展实际上是在将那些深藏在乡村之中的优秀体育文化进行提炼和升华，使它们从单纯的体育活动转变为具有深厚文化内涵的品牌。这些品牌既融合了地域的独特风情，又体现了民族的丰富色彩，从而成为乡村新的文化标志。

当这些体育活动被产业化打造后，它们便拥有了更强的传播力和更广泛的影响力。乡村的体育文化不再只是乡村内部的自娱自乐，而是能够走出乡村，走向更广阔的舞台，被更多的人所知晓和欣赏。这种传播无疑大大提升了乡村文化的自信，也让乡村居民对自己的文化有了更深的认同感和自豪感。

同时，产业化的发展也意味着对传统文化的创新。在保留原有文化精髓的基础上，结合现代元素和市场需求，进行有针对性的创新与改良。这种创新，既能够让乡村体育文化焕发新的活力，也能够吸引更多年轻人的关注和参与，从而确保文化的传承与发展。

随着产业的深入发展，乡村体育活动也变得更加丰富多彩和趣味盎然。各种类型、各种风格的体育活动应运而生，满足了不同年龄、性别和兴趣的乡村居民的需求。这些活动不仅为人们提供了锻炼身体的良好机会，更在精神上给予了他们极大的满足和愉悦。人们在参与体育活动的过程中，不仅强健了体魄，更在心灵上得到了放松和治愈。

此外，农村体育活动产业的发展还进一步促进了乡村社会的团队协作精神和集体荣誉感的培育。在参与体育活动的过程中，人们学会了如何更好地与他人合作与沟通，如何共同面对挑战和解决问题。团队协作精神不仅体现在体育赛场上，在日常生活中也得到了广泛的体现和应用，有力地促进了乡村社会的和谐与稳定。

（三）农村体育活动的教育价值

农村体育活动产业化发展，其深远的教育价值正逐渐凸显，成为推动乡村教育进步、提升居民整体素质的重要途径。这种教育价值不仅局限于学校体育教育，更广泛渗透到乡村社会的各个角落，形成了一种独特的教育生态。

农村体育活动产业的发展为乡村学校提供了更为丰富的体育教育资源。随着产业的壮大，越来越多的资金和专业人才涌入这一领域，使乡村学校的体育设施得到更新换代，体育教学质量得到显著提升。孩子在更加专业、科学的指导下进行体育锻炼，不仅强健了体魄，更培养了坚韧不拔的意志和团队合作精神。这种教育价值的体现，对于乡村孩子的全面发展具有重要意义。

农村体育活动产业化还促进了乡村成人教育的普及与深化。在产业化推动下，各类体育活动和赛事频繁举办，吸引了大量乡村居民参与其中。这些活动不仅丰富了他们的业余生活，更提供了一个学习新知识、新技能的平台。通过参与体育活动，乡村居民能够接触到更多的现代信息，拓宽视野，提升自身素质和能力。潜移默化的教育方式对于提升乡村整体人力资源水平、推动乡村社会持续发展具有深远影响。

农村体育活动产业的发展还推动了乡村教育与产业的深度融合。在产业化进程中，体育活动与旅游、文化等相关产业紧密结合，形成了一种全新的教育模式——体验式教育。通过参与各种体育体验活动，游客和学生能够深入了解乡村文化，感受乡村生活的魅力，从而在享受运动乐趣的同时，接受到生动的乡土教育。这种教育模式不仅创新了乡村教育的方式方法，更为乡村产业的发展注入了新的活力。

值得一提的是，农村体育活动产业的发展还激发了乡村居民对教育的热情和期望。随着体育活动的普及和影响力的提升，越来越多的乡村居民开始意识到教育的重要性，他们更加积极地参与到各类教育活动中，努力提升自身和下一代的素质。教育意识的觉醒和提高无疑为乡村教育的长远发展奠定了坚实的基础。

（四）农村体育活动的经济价值

农村体育活动产业能够直接创造经济效益。随着体育活动的品牌化和市场化运营，各类体育赛事、训练营、体育旅游等活动吸引了大量参与者，为乡村带来了可观的门票收入、培训费用以及相关消费。直接的经济收益为乡村经济的发展注入了新的动力，提升了乡村的经济实力。

农村体育活动产业的发展促进了相关产业的联动发展。体育活动的举办需要餐饮、住宿、交通等配套服务的支持，因此，体育产业的发展也带动了乡村餐饮、酒店、旅游等行业的繁荣。产业间的相互关联和协同发展，形成了良性的产业链循环，进一步扩大了乡村经济的规模和影响力。

农村体育活动产业能够提升乡村资源的利用价值。许多乡村地区拥有丰富的自然资源和文化遗产，通过体育活动的开发和推广，这些资源得以更好地展示和利用。例如，将乡村的自然景观与户外运动相结合，打造特色体育旅游项目，能够吸引更多游客前来体验，从而推动乡村资源的有效转化和增值。

农村体育活动产业的发展还促进了乡村就业和创业机会的增加。随着体育产业的壮大，乡村地区对于体育教练、赛事组织、场地管理等专业人才的需求不断增加，为乡村居民提供了更多的就业岗位。同时，体育活动也激发了乡村居民的创业热情，许多人尝试开设体育用品店、创办体育俱乐部等，为乡村经济注入了新的活力。

农村体育活动产业的发展还有助于提升乡村的品牌形象和知名度。通过举办高水平的体育赛事、打造特色体育旅游项目等方式，乡村地区能够在更广泛的范围内展示自己的特色和魅力，吸引更多人的关注和认可。品牌效应不仅有助于提升乡村的软实力，还能够为乡村经济的发展带来更多机遇和空间。

二、持续强化促进体育产业健康发展的保障措施

（一）增强农村居民体育活动参与意识

确保农村体育活动产业价值的有效挖掘与实现，核心在于提升农村居民对体育活动的参与意识和积极性。不仅依赖于各级地方政府的重视和推动，而且需要通过综合策略的实施来建立一个全方位、系统化的推广与支持框架。加强宣传教育活动，增大体育科普知识的普及力度，并把体育文化与农村居民的日常生活紧密结合，构成了提升农村居民体育参与意识的有效途径。

地方政府需充分认识到提高农村居民体育活动参与意识对促进农村体育产业发展的重要性，并可通过设立专项基金、优化资源配置等方式，支持农村地区开展多样化体育活动。政府通过举办定期的体育科普讲座、健身指导活动等，增强农村居民对体育健身的了解和兴趣，提升他们的健康意识和生活质量。实施如“体育三下乡”等活动，将最新的体育科技和健身知识引入农村，通过现场体验、示范教学等方式，让农村居民直观体验体育活动的乐趣和重要性。重视活动的实际效果，确保内容贴近农村居民的需求和兴趣，以激发他们长期参与的积极性。

免费提供体育健身器材给农村居民，并给予科学的健身指导，降低参与

体育活动的门槛，帮助他们建立科学健身观念，进一步提高参与度。从儿童和青少年着手，通过学校体育教育、社区体育活动等渠道，培养体育参与的习惯，植入体育文化，形成健康生活方式，有助于提高下一代的身体素质和健康水平，促进农村体育文化的传承和发展。提升农村居民体育活动参与意识是一个涉及多方面共同努力的系统工程。通过实施一系列有效的保障措施，不仅能促进农村体育活动产业的发展，还能显著提升农村居民的生活质量，为构建一个健康、文明、和谐的农村社会作出重要贡献。

（二）建立健全农村体育文化组织机构

建立和完善农村体育文化组织机构，对于提高农村体育文化的组织化和系统化水平具有重大意义，同时也是激发农村居民参与体育活动热情、培育体育文化氛围的关键。通过政府与社会共同努力，可构建支持农村体育发展的全面组织体系，为体育活动产业化打下坚实基础。

政府体育文化行政部门应发挥领导作用，推动农村体育文化组织建设和完善。例如，以体育社团为中心，依托乡镇体育文化站，建立村级体育文化点。这种组织架构能更有效整合体育资源，提升活动的组织实施效率，确保体育文化活动广泛覆盖、深入推广。以河南省某乡镇为例，成功通过设立多个村级体育文化点，组织定期的乡村体育比赛和文化活动，极大地丰富了农民的文化生活，提高了他们的身体健康水平。对村级体育文化点进行定期培训，可以显著提升其组织能力和服务质量。通过实施奖惩机制，激发组织者积极性和创新意识，更好地服务于农村体育文化发展。培训不仅涵盖体育知识和技能，也包括活动的组织、管理、宣传等方面，全面提升运营能力。例如，在浙江省某村级体育文化点，通过引入外部专业教练进行定期培训，不仅提高了当地教练和组织者的专业水平，也让农村居民享受到更专业、多样化的体育活动。坚持公开透明原则，创建一批体育文化示范村，对普及农村体育活动、提升影响力具有重要意义。示范村不仅展示农村体育文化发展成果，也形成示范效应，鼓励其他村落积极参与体育事业，营造全民参与体育活动的良好氛围。如四川省的一个小村通过建设篮球场、羽毛球场等设施，并定期举办体育赛事，成为周边地区体育文化交流的中心，有效提升了村民的健康意识和生活质量。通过这些措施的实施，能够有效促进农村体育文化组织机构的建立和完善，为广泛开展体育活动提供强有力的组织保障。不仅对提升农村居民的体育参与度、促进健康生活具有积极作用，也是推进体育活动产业化、促进农村经济社会发展的关键路径。

（三）积极引入社会力量办好农村体育

面临农村体育事业多样化需求及市场经济规律，单靠政府力量难以全面满足发展需要。引入社会力量，尤其是本土企业参与，不仅带来资源和创新机制，还推动农村经济发展，提高体育活动参与度和产业化水平。

政府应构建开放合作的体育发展环境，制定激励机制鼓励社会资本和企业参与农村体育市场。政策引导降低参与门槛和风险，激发社会力量的投入热情。例如，安徽省某乡镇通过政府出台的激励政策，成功吸引多家本土企业投资建设体育设施，丰富了当地体育活动类型，增强了居民的体育参与意识。优先让本土企业承办赛事，既为企业提供展示平台，增强社会责任感，又通过企业资源和网络提升赛事专业化，吸引更多社会参与。江苏省的一项农村篮球赛事便是由当地知名企业赞助，其专业赛事运作和广泛的市场推广，有效提升了比赛影响力，促进了当地体育文化的繁荣。地方政府应探索多种合作模式，如PPP模式、赞助商模式等，引入社会资本参与体育设施建设和运营，为赛事提供资金支持。这些模式有利于提高建设管理效率，保障活动持续发展的资金需求。例如，某村通过与企业PPP模式合作，建立了综合体育公园，既活跃了村民体育生活，又促进了当地旅游业发展。加强政府与社会力量沟通，建立监督管理和服务体系，确保参与公平公正，有效监管参与效果和质量，保障体育事业健康发展。四川省某乡镇就建立了由政府、企业、社会组织共同参与的农村体育活动协调小组，定期评估体育项目执行情况，确保项目的顺利进行和高质量完成。积极引入社会力量，是促进农村体育事业发展的有效路径。政府引导下的社会各界参与，不仅为农村体育事业带来资源和活力，还促进农村经济社会全面发展，构建健康活力的农村体育文化环境。

（四）构建城乡统筹的体育产业发展机制

在全民健身的大环境下，构建城乡统筹的体育产业发展机制旨在缩减城乡体育资源差距，推动体育公共服务均等化，通过政策指导与资源整合，激发农村体育活动的活力，促进农村经济多元化发展。

国家和地方政府在体育产业顶层设计中应明确城乡统筹发展方针，制定具体政策措施，如对农村体育公共服务设施建设和改造提供财政支持和政策优惠，确保基础设施能满足居民需求。例如，山东省某地区通过国家和地方资金支持，成功建立了多功能体育场地，极大提高了当地居民的体育参与度。推广城乡统筹体育产业发展模式，鼓励私营部门和社会资本投入农村体育产业建设与运营。政府与市场合作可以提升建设效率和质量，促进活动多样化。在此基础上，推动户外体育和休闲体育活动，如自行车比赛、徒步越野等，既丰富居民生活，提升参与热情，也促进旅游与体育产业融合发展，如湖南省某村通过举办年度徒步越野赛事，吸引了大量外地游客，带动了当地经济。地方政府需出台本地体育产业发展支持措施，优化活动组织管理，完善营销推广，提升企业运营能力，形成政府引导、市场运作、社会参与的发展生态，共同促进农村体育产业健康发展。浙江省的一个小镇通过建立专门的体育文化节日，整合本地文化与体育资源，成功提升了体育活动的参与度和当地体育产业的知名度。值得注意的是，城乡统筹体育产业发展机制需要国家政策支持、地方政府、企业及社会各界共同努力，确保有效实施农村体育产业发展策略，实现农村经济社会文化全面融合发展。

第二节　我国农村体育产业发展的现状、困境与突破

一、我国农村体育产业发展的现状

（一）农村地区体育经济发展潜力巨大

当前，我国农村体育产业发展正在步入转型与升级的新阶段。这一转型得益于全民健身运动的普及以及农民生活水平的显著提升。随着体育健康管理理念的深入人心，农村居民的身心健康水平有了明显的提升，催生了体育

消费市场的增长，促进了体育产业的多元化展开。体育产业的发展不仅体现在专业体育活动的广泛普及，还表现在体育经济向娱乐化、市场化的趋势转变中。农民对各种专业体育服务的需求与日俱增，体育活动已成为一种新兴的农村时尚，不仅展示了农村居民生活品质的提高，也象征着农村体育产业市场潜力的充分释放。在更宏观的层面上，国家对体育旅游和体育文化产业的大力支持进一步促进了农村体育消费市场的兴盛。

目前，农村体育产业的发展已经成为促进农村经济社会全面发展的新动力。政府对农村体育活动的推广与发展给予了极高的重视，并将其作为乡村振兴战略的核心内容之一。通过推动新型体育文化主体的培育和农村体育产业的复兴，为农村的美丽建设及经济的转型提供了新的推动力。农村体育场所的建设和活动的多样化开展，巧妙地利用了农村丰富的自然资源和地理优势，开发了一系列具有地域特色的体育休闲项目。例如，利用河流和空旷地带开展的水上运动，以及山区的登山攀岩等活动，不仅为农村居民提供了丰富的体育娱乐生活，也吸引了众多城市居民的参与，为农村体育旅游市场的扩展提供了新的思路。通过农村体育产业与旅游、文化等产业的结合，为地方经济的多样化发展打开了新的路径。通过加强体育产业基础设施的建设，普及体育健康理念，发掘和推广具有地域特色的体育活动，并促进体育与旅游、文化等产业的深度结合，将极大地挖掘农村体育产业的经济潜力，为农村经济的持续与健康发展注入充满活力的新血液。[①]

（二）农村体育产业发展扶持措施相继出台

在当前全民健身运动深入人心的背景下，我国农村体育产业正逐步展现其独特魅力，并吸引了国家及社会各界的集中关注。为了提升农村居民的生活品质并进一步激发农村经济与社会的活力，政府已经在多个层面展开了有力的政策扶持。具体而言，扶持政策主要涵盖了基础设施的建设、财政资金的注入及政策上的各种优惠措施，共同构筑了一个鼓励全民参与体育活动、

① 杨敏.乡村振兴背景下农村体育产业高质量发展动力、困境与策略[C]//湖北省体育科学学会.第一届湖北省体育科学大会论文集（第二册）.吉林体育学院，2023：2.

促进农村体育产业健康成长的良好环境。

一方面，国家层面的政策扶持通过发布相关政策文件，着力于加强农村体育设施的建设，大力推广体育活动，鼓励和吸引社会资本投入体育产业，以及显著提升农村地区体育教育的质量。这一系列政策措施的实施，有效地优化了农村体育设施，丰富了体育活动的内容，并显著提高了农村居民参与体育活动的积极性。另一方面，地方政府则依据国家政策的指导精神及地方的实际情况，制定了更为具体的实施方案以支持农村体育产业的成长，这些方案包括但不限于支持基础设施和体育场馆建设的银行贷款、吸引投资，以及利用体育彩票公益金支持农村体育项目的开展。同时，地方政府还积极组织和推动丰富多样的农村体育赛事和活动，旨在提高农村体育产业的知名度与社会影响力。尽管如此，受限于我国农村地区发展的不均衡性，以及农村体育资源分配的差异，农村体育产业的发展仍面临着诸多挑战。例如，虽然体育彩票公益金为农村体育的发展提供了关键性支持，但其发行和使用的严格审批流程，限制了其在促进农村体育产业发展中的潜在作用。因此，为了克服这些问题，未来的政策制定需要更加注重政策的针对性和实效性，增加对农村体育产业的投入，同时寻求体育产业发展模式的创新。利用农村地区的资源优势，可以推动农村体育产业朝着多元化的方向发展，为农村经济的繁荣和社会的全面进步提供更加坚实的支撑。

二、我国农村体育产业发展的困境与突破

（一）群众健身意识依旧薄弱，制约了体育产业蛋糕做大

我国农村体育产业发展中，居民对体育锻炼的兴趣不高，以及体育产业发展观念及其实施力度的不足，是主要的障碍。这些因素不仅限制了体育产业在农村地区的成长，也凸显了推进该领域发展的复杂性和所面临的难题。尤其是农村居民对于体育锻炼的关注度仍然偏低，这一点可以追溯到长期形成的工作和生活习惯，以及相对薄弱的体育意识。很多人认为日常劳动就是一种锻炼，从而忽略了有计划的体育活动在提升体质和健康方面的重要性。此外，农村地区体育设施的不完善和活动种类的单一化，也大大减弱了居民

参与体育锻炼的热情。很多农村地区对体育产业的理解还处于初级阶段，缺乏将体育产业视为促进地方经济增长和提高居民生活质量的全面理解。农村地区经济基础的薄弱性，加之人口的外流，使体育产业发展缺乏必要的人力资源支持和市场需求。同时，基层政府在推动体育产业发展方面的资源投入和政策支持不足，缺乏有效的策略和措施，进一步削弱了产业的发展势头。此外，在宣传和推广方面也存在策略单一和覆盖范围有限的问题，既没有能够有效激发农民对体育的热情，也未能充分挖掘农村体育产业的潜力。

为了解决这些问题，推动农村体育产业的健康发展并促进农村经济和社会的全面进步，政府和社会各界需要共同努力。包括提升农村居民对体育锻炼的意识，改善和增加体育设施，多样化体育活动内容，强化政策支持，以及创新宣传和推广策略等措施。通过这些综合措施，可以期待农村体育产业不仅能够满足居民健康生活的需求，同时也为农村经济的振兴作出贡献。

（二）农村体育设施不完善，制约了体育产业的发展

尽管我国农村体育事业取得了巨大成就，但整体上看，不少农村体育设施仍显不足。体育公共设施的缺失影响了体育产业发展环境的整体质量。造成这一现状的原因主要包括基础设施投资的长期性和低经济效益，导致政府和社会资本的投入不足。农村地区由于经济条件限制和财政支持不足，体育基础设施的建设更是缺乏必要的推动力和资源。已有的体育设施由于缺乏有效的管理和维护，常常出现破损和过时的情况，不仅减少了设施的使用效率和安全性，也降低了居民参与体育活动的积极性。同时，现有的体育基础设施建设在规划时往往忽视了地区间自然环境和文化背景的差异，导致供需之间出现错配，很多设施既无法满足居民的具体需求，也未能充分利用当地的特色资源。

农村体育基础设施质量存在显著差异，许多设施长期缺乏维护，已经破损或难以正常使用。施工标准和材质选择不统一，导致一些设施使用寿命短，安全隐患较多。比如很多偏远地区，基础设施的质量问题尤为突出。部分农村体育基础设施的布局不合理，一些资源较集中的村庄设施相对完善，而偏远地区则几乎没有配套的体育设施。区域间的发展不平衡问题突出，经济较发达地区的体育设施相对齐全，而经济欠发达地区则常常被忽视。

（三）农村体育消费水平不高，制约了体育产业发展内生动力

我国农村体育产业发展所面临的一大困境在于，农村体育消费水平低迷，严重制约了体育产业的活力和发展潜力。农村体育消费的低迷主要由以下三个方面的因素造成。

1.购买力不足，消费形式单一

这些因素相互交织，共同影响着农村体育产业的整体发展。农村居民的体育消费购买力相对较低是一个核心问题。根据经济学原理，消费能力与居民的可支配收入密切相关。农村居民由于整体收入水平较低，且生活消费需求占比较大，留给体育消费的空间相对有限。经济基础上的制约直接导致了农村体育消费市场的疲软，限制了体育产业特别是高端体育服务和产品在农村地区的推广与普及。

2.体育消费观念较为陈旧

很多人仍然持有“投资健身不如投资生产”的观念。尽管健康意识在一定程度上有所提升，但将金钱用于体育健身消费仍然被一些农村居民视为非必要甚至是奢侈的支出。此观念阻碍了农村体育消费市场的拓展和体育产业的深入发展。农村体育消费形式的单一化也是一个不容忽视的问题。当前农村体育消费主要集中于实物消费，如购买体育服饰和健身器材，而对于能够提供更高层次精神满足的观赏型体育消费关注不足。这一现状不仅反映了农村体育消费市场的局限性，也表明农村体育产业在产品和服务创新方面存在短板，难以满足居民多样化、层次化的体育消费需求。

解决这些问题，需要从提高农村居民体育消费的购买力、更新农村居民的体育消费观念和丰富农村体育消费形式等多方面着手。具体措施包括加大农村体育基础设施投入，提高农村居民的体育服务获得感；通过媒体和社区活动等方式加强体育消费意识的普及教育；开发适合农村市场需求的体育产品和服务，丰富农村体育消费市场。通过这些综合措施的实施，可以逐步提升农村体育产业的发展水平，激发农村体育消费潜力，为农村经济社会发展贡献力量。

（四）农村体育资源开发不充分，制约了体育产业发展空间

农村体育资源的不充分开发是制约我国农村体育产业发展的一个重要困境。尽管农村地区蕴含着丰富的自然资源和独特的文化资源，但这些潜在的体育资源未能得到有效利用和转化，从而限制了农村体育产业的拓展空间和发展潜力。

1.政府体育产业发展规划缺少战略性和操作性

在政府对体育产业发展的宏观规划方面，显著的不足之处在于对农村体育产业潜力的认识并不深刻，缺少一套既系统又具有前瞻性的发展蓝图及策略。农村地区蕴藏着丰富的体育资源，不仅包括自然风光和地理特色，还有独具特色的民俗文化和乡土体育项目。独特资源如果得到有效的挖掘和利用，不仅能够极大地拓展农村体育产业的发展空间，而且有助于增强农村经济的活力，促进乡村旅游和文化传承。但是，由于长期以来缺乏针对性的规划和长远的战略布局，宝贵的体育资源往往未能被有效转化为促进体育产业发展的动力。这种状况反映出，政府在推动体育产业整体进步的过程中，需要更加重视农村体育产业的特殊性和复杂性，通过精心设计的政策和措施，充分发挥农村体育资源的潜力，在全面提升国民健康水平和推动经济社会发展方面发挥更大的作用。进一步的探索和实践应当集中于构建一个包容性强、充满活力的农村体育产业生态系统，将为实现体育产业的可持续发展提供强有力的支撑。

2.农村体育资源开发面临人才短缺的问题

针对农村体育资源开发中面临的人才短缺难题，城乡之间经济发展的不平衡显然加剧了人才流向的不均衡，特别是农村地区在保留本地人才和吸引外部专业人士方面的双重不利。体育产业的蓬勃发展不仅依赖于资本和基础设施的支撑，更加需要那些具备深厚专业知识和创新精神的人才来引领。在这类专业人才缺乏的情况下，农村地区挖掘和应用当地体育资源的能力受限，直接影响了整个体育产业发展的质量和水平。

解决这一问题，促进农村体育产业健康发展，需从多方面采取措施。首先，政府需加强对体育产业的宏观规划与引导，涉及明晰农村体育产业发展

的方向和目标，并制订出切实可行的政策和措施，以期促进农村体育资源的全面开发和高效利用。其次，建立人才培养与引进的双轨机制至关重要。政府可通过实施优惠政策和提供专业培训，吸引和塑造一支既懂经营管理又富有创新能力的体育产业人才队伍。此外，鼓励社会资本的参与也是推动农村体育产业发展的关键。政府能够与企业界联手，采纳PPP（公私伙伴关系）等模式，吸引更多社会资源和市场动力来支持农村体育产业的壮大。

第三节　社会治理视域下我国农村体育产业的转型

一、农村体育产业面临着转型升级的新机遇

在社会治理的视角下，我国农村体育产业的转型显现为一个复杂而又富有活力的过程，涉及经济、社会、文化等多个层面。2023年，随着疫情阴影的逐渐消散，我国体育产业不仅迎来了发展的新起点，也面临着转型升级的新机遇。特别是在农村地区，体育产业的转型发展正逐步成为推动农村振兴的重要力量。

在这一转型过程中，体育产业的空间拓展、业态创新及与其他产业的深度融合，成为其发展的三大特征。体育产业不再局限于传统的竞赛表演，而是向提供全链条解决方案、推动城乡体育活动多元化和发掘户外休闲新市场等方面扩展。这一转型为体育产业本身带来了新的增长点，为农村经济社会发展注入了新的活力。

（一）体育用品更新换代为农村体育产业的发展提供了新空间

在当前社会治理的背景下，我国农村体育产业正经历一场深刻的转型升级，特别是体育用品业的变革，为农村体育产业发展开辟了全新的路径。随着全民健身概念的普及和农村居民对健康生活方式需求的提升，体育用品行业不再仅仅聚焦于传统的生产制造，而是开始向服务型产业转型，提供从场地建设、活动策划到健身指导一站式的体育解决方案，极大丰富了农村体育

用品的市场内涵，也促进了体育活动在农村地区的广泛开展。

传统的体育用品制造业通常聚焦于产品的生产与销售，较少涉及体育活动的具体实施和后续服务。然而，随着消费者需求的多样化和个性化，以及农村地区体育设施建设和全民健身活动的普及，单一的产品销售模式已难以满足市场需求。因此，体育用品行业开始转型升级，通过提供全面的体育服务解决方案，满足农村地区从体育设施建设到活动策划、从健身指导到后续服务的全链条需求。服务化的发展模式能够为农村居民提供更加专业、便捷的体育服务，为体育用品企业开辟了新的增长点。①

随着科技的进步，体育用品越来越多地融入了智能化、个性化的设计，能够为使用者提供更加科学、有效的运动体验。同时，面对全球环境挑战，体育用品行业也在积极探索绿色生产、可持续发展的路径，通过使用环保材料、推广循环经济等措施，减少生产和使用过程中的环境影响。通过从单一的产品销售向提供全面体育解决方案的转变，以及对科技创新和绿色发展的重视，体育用品行业不仅能够更好地满足农村居民对健康生活方式的追求，也为推动农村体育产业的高质量发展提供了有力支撑。这一过程不仅需要企业的积极探索和创新，也需要政府的政策引导和支持，以及社会各界的共同参与和努力。

（二）体育事业融合发展为农村体育产业发展创造了新机遇

在当前的社会治理背景下，体育与其他领域的深入融合，对农村地区产生了广泛而深远的社会经济影响。融合推动了体育活动的范畴，从单一的锻炼身体扩展到了文化传播、旅游促进、康养服务以及专业技能培训等多个领域，极大丰富了体育产业的内涵，同时也为农村地区的全面发展注入了新的动力。

体育与文化的结合有助于传统体育项目的保护和传播，推动了农村文化旅游的发展。举办具有浓郁地方特色的体育活动和比赛，比如龙舟赛和舞狮

---

① 叶鑫宇.新发展阶段数字新质生产力赋能体育产业高质量发展[C]//陕西省体育科学学会，陕西省学生体育协会.第二届陕西省体育科学大会论文摘要集（专题十）.南通大学，2024：7.

表演，不仅是展示体育竞技的舞台，更是文化传承的活跃实践，吸引了大量游客前来体验，从而带动了当地经济的增长。同时，体育与旅游的深度结合，为农村旅游业开辟了新的增长路径。开发以体育为主题的旅游产品，如徒步探险、山地自行车骑行、露营等，丰富了旅游市场，满足了人们对健康和冒险的追求，促进了农村景区的知名度和旅游收益的提升。在体育与康养的结合上，农村地区凭借其得天独厚的自然资源和宁静的环境，成为发展体育康养产业的理想场所。构建集体育活动于一体的康养基地，如瑜伽村、养生谷等，吸引了众多城市居民前来享受休闲养生，为农村经济的发展开辟了新的途径。此外，将体育与专业培训相结合，培养了农村地区的体育人才，提升了当地居民的体育素养，形成了一支有力的支撑体育产业发展的专业团队。通过建立体育培训基地和开展各种体育培训课程，为农村地区的长远发展积累了人才和技能资源。

例如，举办"美丽农村"品牌体育赛事活动，通过将体育运动与农村自然环境及文化特色相结合，旨在推动农村旅游和经济的全面发展。这样的活动不仅包括田径、足球、篮球、乒乓球、羽毛球、龙舟等传统体育项目，还涵盖了农耕文化体验、民俗活动等，充分展现农村的独特魅力，吸引城市和农村居民以及游客积极参与。

通过这类体育赛事的策划和实施，直接促进了当地旅游业和相关服务行业的繁荣，尤其是在赛事期间，住宿、餐饮、交通等行业将经历客流高峰，为农村地区带来显著的经济效益。此外，赛事也为农产品和手工艺品提供了一个绝佳的展示和销售平台，有助于推动农村产业的多元化和品牌化发展。"美丽农村"赛事活动还极大丰富了农村居民的体育生活，提高了他们的健康意识和生活质量。同时，参与赛事的筹备和服务不仅提升了村民的组织协调能力和服务意识，也增强了社区的凝聚力和居民的归属感。赛事的举办往往紧密结合当地的传统文化和民俗特色，如龙舟赛、农耕文化体验等，不仅为游客提供了独特的文化体验机会，而且还有助于当地传统文化的保护、传承与创新，使传统文化以更加生动活泼的形式呈现，增强了文化的自信心和吸引力。此外，"美丽农村"体育赛事活动还特别强调生态环保和绿色发展理念，选择风景秀丽、生态良好的乡村作为赛事场地，不仅提高了赛事的观赏性，也促进了参与者和观众的环保意识，对农村环境的保护和改善产生了积极影响。展现了体育活动在推动农村振兴、提高农村居民生活质量方面的巨大潜力和价值，值得在更广泛的农村地区推广实施。随着未来政策的持续优化和社会资源的有效整合，体育产业有望在促进农村振兴和提升农村居民生活水平方面发挥更加关键的作用。

（三）户外休闲产业兴起为农村体育产业的升级提供了新沃土

在当前社会发展的新阶段，我们见证了农村体育产业的一次重大转型和飞跃，特别是随着户外休闲产业的蓬勃发展，农村体育产业正迎来一个充满希望的新市场。这种变革不单单迎合了现代社会对于健康生活方式的渴望，也与国家推进乡村振兴战略的目标不谋而合，为农村经济的多样化进程注入了全新的活力。

户外休闲产业之所以能够迅速崛起，主要得益于人们生活水平的普遍提升和对健康生活的重视。公众对户外活动和休闲娱乐的需求日渐增长，农村地区凭借其独有的自然风光和丰富的文化遗产，成为开展这些活动的首选之地。无论是徒步穿越自然风光，骑行在田间小道，攀岩于陡峭山岩，还是在静谧的夜晚露营，或是在乡间小路上观鸟赏花，以及体验传统的农家生活，多样化的户外休闲活动不仅极大丰富了人们的生活体验，也为农村地区的经济发展打开了新的增长通道。

农村体育产业正站在一个发展的新起点上，特别是随着户外休闲产业的兴起，它面临着转型和升级的巨大机遇。要想在这一领域实现突破，就需要通过创新和服务升级，探索和开发农村体育市场的新机会。一种有效的策略是建立具有特色的户外运动基地，不仅涉及自然风光和文化遗产的整合，还包括提供独特的户外体育产品和服务。想象一下，在山水林田湖的美丽景观中，开发一系列既能吸引不同类型人群又融合当地文化特色的户外活动，比如结合民俗体验和生态教育，不仅能增加游客的体验感，还能让他们更加积极参与进来。

要吸引游客并推动农村体育产业的发展，关键在于加强基础设施的建设和服务质量的提升。这意味着需要建设符合安全标准的运动场地，提供专业的装备租赁服务，同时还要注重服务质量的提高，比如提供专业的导游服务、安全教育培训以及应急救援措施，确保每位参与者的安全和舒适。

此外，采用数字化手段进行营销推广也是农村体育产业转型不可忽视的一个环节。通过社交媒体、在线平台等渠道，有效地传播户外休闲产业的吸引力，能够吸引更多城市居民投身于农村的户外运动和休闲活动中，对于推动农村经济的发展具有重要意义。

在社会治理的新背景下，我国农村体育产业的转型既是挑战，也是机遇。通过拓宽发展空间、创新业态和推动产业融合，农村体育产业不仅能够实现自身的高质量发展，还能为推进乡村振兴战略提供坚实的支撑。转型过程需要政府、企业、社会组织等多方面的共同努力，携手推动农村体育产业向更广阔的发展前景迈进。

二、体育产业在体育赛事数字化道路上加速换挡

随着数字经济的蓬勃发展，农村体育产业的转型升级也不可避免地要紧随其后，采用数字化转型成为发展的关键途径之一。通过融合大数据、云计算、人工智能等现代信息技术，农村体育产业有望实现质的飞跃，更有效地满足人们对多样化体育需求的追求，同时促进农村社会经济的发展。

数字化转型为农村体育产业带来的不仅是生产力和生产关系的更新，更是体育消费场景的丰富和服务效率的提升。设想一下，通过打造智能化的体育场馆，开发各类体育健身应用程序（App），或是引入虚拟现实（VR）技术，农村居民便可在家门口享受到专业级的体育健身服务，大大节省了他们远赴城市的时间和成本。数字化还为农村体育赛事的宣传和参与提供了新的平台和方式。利用互联网和移动通信技术，农村体育赛事可以实现线上直播、虚拟参与等形式，不仅扩大了赛事的影响力和参与度，还能激发农村居民对体育的热情，为赛事带来更多的商业价值和品牌影响力。此外，数字化转型对于数据的收集与分析也至关重要，它能为政府和企业的决策提供更为精准的依据。通过深入分析参与者的行为和偏好，可以更加精确地进行体育产品和服务的设计和改进，确保供需之间的精准匹配。通过推进数字化战略，不仅可以有效促进农村体育产业的高质量转型升级，还能为农村经济的发展注入新的活力，同时提升农村居民的幸福感和满意度，为他们提供更加丰富和便捷的体育消费选择。

三、体育产业在科技创新驱动力中走向未来

在现代社会治理的框架下，科技创新已成为推进体育产业转型和升级的核心动力。尤其在农村地区，这一动力不仅显著提高了体育活动的可达性和参与度，还促进了经济的多样化发展。借助物联网、大数据、人工智能等尖端科技，农村体育产业得以迈入一个充满活力的新时代，同时也为乡村振兴战略的深入实施提供了坚实的技术支持。

（一）应用物联网技术

物联网技术在体育产业中的应用，使体育设施的智能化管理和维护成为可能。例如，通过在运动设施上安装各类传感器，可以实时监控设备的运行状态，确保体育活动的顺畅进行。物联网还能够根据参与者的个人健康数据和运动偏好，提供个性化的运动建议，从而提高运动的效率和安全性。

（二）应用大数据技术

大数据技术的应用为农村体育产业的决策提供了有力的支持，通过收集分析运动者的数据，可以洞察体育消费的趋势，为体育产品和服务的创新提供数据依据。此外，大数据还能够帮助政府和企业精确地了解市场需求，制定更加有效的策略，推动体育产业的健康发展。

（三）运用人工智能技术

人工智能技术的运用极大地丰富了农村体育活动的形式和内容，通过人工智能算法，可以开发出智能体育教练、虚拟体育竞赛等创新产品，不仅为农村居民提供了更多样化的体育娱乐服务，还增加了体育活动的互动性和趣味性。此外，人工智能还被应用于赛事直播和解说中，通过智能分析提高观众的观赛体验，吸引更多的人参与到农村体育活动中。①

① 吴明浩，章杰，吴铖铖.体育产业数字化转型的时代要求、动力机制与实践路径[J].黄山学院学报，2024，26（03）：81-85.

四、体育产业在特色旅游加持下提速发展

在社会治理的视角下，特色体育旅游的兴起为乡村振兴注入了新的活力。特色体育旅游不仅利用了农村地区独特的自然景观和文化遗产，还通过将体育活动与旅游结合起来，创造出独特的旅游体验，从而吸引了大量的旅游者和体育爱好者。转型不仅丰富了农村的经济来源，还为推动农村的社会和文化发展提供了新的机遇。

（一）特色体育旅游的发展利用了农村地区丰富的自然资源

山地、森林、湖泊和田园风光等为开展各种户外体育活动提供了天然的场地。例如，山地马拉松、越野骑行、徒步旅行和水上运动等，满足了人们对健康生活方式的追求，让参与者能够亲近自然，享受农村的宁静与美丽。

（二）特色体育旅游的发展深入挖掘了农村地区的文化资源

通过将体育活动与地方传统文化相结合，如传统民俗体育游戏、历史遗迹探索等，为游客提供了独一无二的文化体验。不仅有助于保护和传承农村地区的文化遗产，还能够提高游客的文化参与度和满意度。此外，特色体育旅游的发展对促进农村地区经济社会的全面发展具有重要意义。一方面，它带动了当地旅游、餐饮、住宿等相关产业的发展，为农村地区创造了新的就业机会，提高了农民的收入水平；另一方面，通过举办各种体育旅游活动，增强了农村社区的凝聚力，促进了农村地区的社会和谐与文化繁荣。通过充分利用农村地区的自然资源和文化资源，不仅能够吸引更多的游客，推动当地经济发展，还能够促进农村社会和文化的全面发展，为实现乡村振兴战略目标贡献力量。

五、体育产业在融合发展中创造新质

在社会治理的背景下，推动体育与教育、健康等领域的深度融合，不仅是我国农村体育产业转型发展的重要方向，也是实现乡村振兴战略的重要途径。融合发展策略旨在通过体育活动的普及和推广，提高农村地区的健康水

平和教育质量，进而促进农村社会经济的全面发展。

（一）体育与教育的深度融合可以在农村学校中落地生根

通过引入多样化的体育课程和活动，如学校体育节、体育俱乐部、体育竞赛等，不仅可以丰富学生的校园生活，还可以培养学生的团队协作能力、竞争意识和自我挑战精神。此外，通过开设健康教育课程，将体育运动与健康知识相结合，教育学生了解运动对身体健康的益处，引导学生形成终身运动的习惯。

（二）体育与健康领域的融合发展对提升农村居民的健康水平具有重要意义

通过建立农村公共体育设施，如健身路径、运动场所等，提供便利的体育活动场所，鼓励农村居民积极参与到体育运动中来。同时，可以利用数字化技术，如智能健身器械、在线健身平台等，为农村居民提供个性化的健身指导和健康管理服务，帮助他们更好地监控健康状况，预防疾病。此外，体育与教育、健康的深度融合还可以带动农村地区经济的发展。例如，通过举办体育赛事、开展体育旅游等活动，不仅可以提升农村地区的知名度，吸引更多的游客和投资，还可以为当地居民创造就业机会，提高他们的收入水平。

推动体育与教育、健康等领域的深度融合，不仅有助于提升农村居民的健康水平和生活质量，还能够促进农村地区的经济社会发展，为实现乡村振兴战略目标贡献力量。

六、体育产业可持续发展有赖于众筹平台的支撑

在现代社会治理的背景下，我国农村体育产业的发展正面临着转型的关键时刻。转型不仅要求依托于先进的信息技术，而且还需要探索出多样化的发展道路，创建一个专注于农村体育的众筹平台显得尤为重要。这一平台的设立旨在缓解资金短缺的困境，它能够促进社区的广泛参与，进而有效激发农村体育产业的内在活力。

通过众筹平台，小额资金的汇集可以为大型项目的实施提供支持，使得每一位平凡的个体都有可能成为体育项目的支持者乃至受益者。这种模式特别适用于农村体育项目，因为它不仅可以有效地集中社区资源，还能够鼓励社区成员积极参与，从而加强项目的社会认同和归属感。众筹不仅是一种筹资方式，它还可以作为一种社会营销的工具，通过提高项目的社会影响力来吸引更多的参与者和观众。

农村体育众筹平台的另一个价值在于，可以作为一种创新的社会治理方式，通过项目众筹的过程积极收集社区成员的意见和建议，增加了项目的透明度，提高了公众参与的程度。这种模式对于提高农村体育项目的质量和效率至关重要，它更能切实满足农村社区成员的体育需求。

要实现这些目标，众筹平台的成功运营离不开与地方政府、体育协会、企业及媒体等各方的紧密合作。多方位的合作能够形成强大的推动力，共同促进农村体育项目的全面发展。同时，建立完善的项目评估和风险控制机制也是保障资金安全、保护投资人合法权益不可或缺的一环。通过这样一个众筹平台的建立和运营，不仅能够解决资金问题，还能通过增强社区的参与感和提高透明度，推动农村体育产业向着更加健康和可持续的方向发展。

七、体育产业的内涵式发展需智慧体育村落的延伸

智慧体育村落的概念，作为我国农村体育产业转型的一个重要方向，在信息技术迅速发展的今天，呈现出了它独特的价值和意义。这一模式通过将现代信息技术如物联网、大数据和云计算等融入农村体育活动中，不仅展现了农村体育向数字化、智能化发展的趋势，而且也开创了利用先进技术提升农村体育服务水平、改善居民生活质量的新途径。智慧体育村落通过安装智能传感器和采用可穿戴设备，能够实时监测和收集村民的体育活动数据，基于这些数据提供个性化的运动指导和健康管理建议，极大地提升了体育服务的个性化和科学性。此外，智慧体育村落利用大数据分析深入洞察农村居民的体育需求和偏好，有针对性地规划体育设施和活动，实现了体育服务供给的精准性和高效性。比如，根据数据分析得知的村民对某项体育活动的偏好，智慧体育村落能够精准规划相应的设施建设和活动组织，确保满足村民

的实际需要。同时，智慧体育村落的建设还涉及开发专属的智能体育应用程序，通过这个平台，村民不仅可以方便地报名参加体育活动、预约体育设施，还能实时查看自己的健康数据，大幅提升了体育服务的便利性和参与度。

智慧体育村落的实施特别注重线上与线下体育活动的结合，特别是在疫情常态化管理的背景下，确保了体育活动的持续进行和村民健康生活的连续性。通过智慧体育村落的建设和发展，不仅有助于促进农村居民的身心健康，提升生活质量，还有助于推动农村社会的和谐稳定。它为农村体育产业的转型提供了新的视角和实践路径，成为现代社会治理背景下农村体育产业发展的一个重要方向，展现了科技与体育结合的巨大潜力和广阔前景。

第四节 社会治理视域下我国农村体育产业的高质量发展

在社会治理视域下，推动我国农村体育产业高质量发展，是实现乡村振兴战略目标的重要内容。根据《关于推进“十四五”农民体育高质量发展的指导意见》（农社发〔2022〕3号）和2023年，国家体育总局会同中央精神文明建设办公室、国家发展改革委、教育部、国家民委、财政部、住房城乡建设部、农业农村部、文化和旅游部、国家卫生健康委、共青团中央、全国妇联等部委印发的《关于推进体育助力农村振兴工作的指导意见》，以及当前农村体育产业发展的实际需求，需要构建一个综合性的发展框架，这一框架需以习近平新时代中国特色社会主义思想为指导，坚持党的领导，以农民为主体，推行改革创新，注重实际效果，充分挖掘和利用农村体育资源，创造良好的体育产业发展环境。

一、发挥政府在农村体育产业高质量发展上的核心力量

政府在推动我国农村体育产业高质量发展中其影响力涵盖了从政策支持到资金投入，再到全面规划与指导的多个维度。政府首先需在政策层面加大扶持力度，通过针对性的政策措施，如财政资助、税收减免及土地使用优惠等，解决产业发展过程中遇到的难题，从而吸引更多社会资本的投入。政府应对农村体育产业的基础设施建设、人才培养和服务供给等关键与薄弱环节给予更多的关注和支持。此外，制定长远、科学且系统的发展规划，明确目标和措施，是政府规划与指导职责的体现，这对于确保农村体育产业沿着高质量发展的轨道前进至关重要。

政府还需加强监管与服务，确保政策措施得到有效实施，并通过与社会力量的合作，建立一个政府引导、社会参与、市场运作的新模式，充分发挥市场机制和社会资源的活力，确保农村体育产业发展的方向和质量。政府还可以通过举办各类体育活动和节庆来激发农村居民的参与热情，培养健康的体育文化，吸引更多社会组织和企业的参与。此外，利用现代信息技术推动农村体育产业的数字化转型，发展线上体育教育、健身指导、虚拟体育竞赛等新型服务模式，不仅能够拓宽服务范围和内容，还能提高服务的可获取性和便利性，进一步推动产业的创新发展。通过与社会力量的合作以及利用现代技术，政府能够确保农村体育产业的持续健康发展，为农村居民提供更丰富、高质量的体育服务，促进体育产业整体上的高质量发展。

二、高度重视农村体育资源的有效开发和利用

农村体育资源的有效开发与利用不仅涉及深度挖掘农村体育资源内在价值的过程，还包括构建一个综合性、多元化的发展模式，旨在最大化体育资源的使用效率，同时确保体育产业的持续健康发展。农村体育资源的独特性在于其丰富的自然和文化资源，如适宜各类体育活动的山地、水系和田野，以及充满吸引力的传统体育项目和民俗活动。资源的合理利用不仅可以极大丰富农村体育产业的内涵，提升其吸引力和市场竞争力，还能与农村旅游、生态旅游等产业相结合，创造新的体育休闲模式。

实现这一目标，需要政府、企业、社会组织和农民等多方的共同努力。政府在政策、资金和技术支持方面的作用尤为关键，应引导和激励多元主体参与到资源开发中，促进农村体育设施的建设和体育活动的举办，同时支持农民通过参与体育活动增加收入。此外，现代科技，尤其是信息技术的应用，对于提高农村体育资源利用效率、扩大服务范围和深度具有重要作用。通过互联网、大数据和云计算等技术整合和推广农村体育资源，建立线上体育服务平台，提供多样化的线上服务，不仅能够方便农村居民参与体育活动，还能开拓体育产业的新增长点。

同时，推动农村体育资源的有效开发和利用过程中，必须坚持可持续发展原则。在开发体育资源时要兼顾生态环境保护，避免对自然和文化资源的破坏，确保资源利用的长期性和可持续性。此外，开发体育资源还应旨在促进农村经济的多元化，提高农民的收入和生活水平，实现体育产业与农村社会经济发展的互利共赢。

三、突出新质生产力对农村体育产业高质量发展的拉动

这一拉动不仅依赖于市场需求的驱动，还需要政策的有力支持、技术的持续创新、对可持续发展原则的坚持以及对文化内涵的深入挖掘，这些因素共同铸就了体育产业发展的新动力。政策的支持是确保体育产业高质量成长的基础，意味着需要在现行政策框架下进行进一步的深化和完善。包括但不限于提供更多的财政援助、税收减免，以及土地使用权上的便利，同时，还需针对体育人才的培育、科技创新与体育项目的推广等方面，出台具有远见的政策措施。政策环境将为农村体育产业的发展创造更加广阔的空间和丰富的资源。①

技术创新对于农村体育产业的发展同样至关重要，在信息技术迅猛发展的今天，探索将互联网、大数据、云计算等现代技术应用于体育产业的新路

① 肖年乐，周道平，李国兵，等.中国体育产业与经济发展耦合协调的时空特征[J/OL].山东体育学院学报，1-11[2024-07-22].

径成为发展的关键。通过技术革新，不仅可以扩大体育服务的范围和提升其质量，还能实现产业的数字化和智能化，吸引更多农村居民的参与。可持续发展是体育产业发展的另一项核心要求，它不仅关乎生态环境保护，也涉及到经济和社会效益的持续增长。农村体育产业应遵循绿色、低碳、环保的原则，合理利用资源，保护环境，同时通过体育赛事和活动的举办，促进经济发展，提高居民生活水平，实现产业与社会经济的协调进步。

文化内涵对于农村体育产业的发展也是不可或缺的，农村地区丰富的文化资源和传统体育项目是产业发展的重要资产。深入挖掘和传承这些体育文化不仅能丰富产业内容，提升其文化价值，还能增强农村居民的文化自信和归属感，促进社会的和谐稳定。这样的动力机制有助于推动我国农村体育产业的高质量发展，为实现乡村振兴战略贡献力量。

四、实施农体、文体、智体融合发展战略

在社会治理视域下，实施农体融合、文体融合、智体融合的发展战略，不仅有助于深化农村体育与农业、文化、科技等其他领域的融合，还能够推动农村经济的全面发展，提高农村居民的生活质量，促进乡村振兴战略的实施。

农体融合指的是将体育活动与农业生产相结合，利用农业资源开展体育活动，从而提升农业的附加值和吸引力。例如，通过在果园、茶园等农业生产区域开展徒步、越野跑等体育活动，既丰富了农村的体育活动内容，也为农产品的销售和推广提供了新的平台。此外，通过举办“农耕体育赛事”，如犁地比赛、插秧比赛等，既展示了农村传统农耕文化，也活跃了农村体育生活，增强了农民的身体素质和团队协作能力。

文体融合是指将体育活动与农村文化相结合，通过体育活动的开展传承和弘扬农村传统文化。例如，结合传统节日或重要纪念日举办特色体育活动，如端午龙舟赛、春节闹元宵等，既能增加节日的庆祝氛围，也能增强体育活动的文化内涵。此外，通过开展传统民族体育项目的学习和比赛，如摔跤、拔河等，可以有效保护和传承民族体育文化，增强农民的民族自豪感和文化认同感。

智体融合是指利用现代信息技术，如互联网、大数据、人工智能等，提高体育活动的组织效率和参与体验。例如，通过建设智慧体育平台，提供在线体育教学、虚拟比赛、运动健康管理等服务，不仅能够突破地域限制，吸引更多农村居民参与体育活动，还能够根据大数据分析提供个性化的健身指导和服务，提高农村体育活动的参与度和科技含量。①

实施农体融合、文体融合、智体融合的发展战略，不仅能够充分发挥农村体育资源的优势，提升农村体育产业的内在价值，还能够促进农村经济的多元化发展，提高农村居民的生活质量，为推动农村全面振兴和构建社会主义新农村提供有力支撑。

五、加快体旅农商融合助推农村体育产业发展

通过体旅农商融合发展模式，构建起一个多元化、互动性强的农村体育经济新体系，不仅能够直接促进农村经济的增长，还能间接带动相关产业的发展，为农民提供更多就业机会，增加收入来源。

体旅农商融合的发展模式，意味着将体育、旅游、农业和商业进行有效的融合，打破传统行业间的界限，实现资源共享、优势互补。例如，依托农村独特的自然风光和文化资源，开发一系列户外运动和体育旅游项目，如农村徒步、自行车骑行、农耕体验、传统体育项目竞技等，既展现了农村文化，又满足了现代人对健康生活方式的追求。通过这些体育活动的举办，可以吸引城市居民走进农村，体验农村生活，带动农村旅游业和相关服务业的发展，增加农村经济收入。

同时，培育农村体育产业的多元化业态，也是促进农村经济发展的重要方面。多元化业态的发展，不仅限于体育活动本身，还包括体育培训、体育用品销售、体育文化传播等方面，这些都能为农村经济带来新的增长点。通过建立体育健康教育、体育赛事直播等新兴业态，利用数字化手段，可以让

---

① 戴杲栩，聂清德，吴俊东，等.我国体育产业数字化高质量发展的机遇、问题与方向[J].体育研究与教育，2024，39（04）：30-33+49.

农村体育产业的发展超越地理位置的限制，拓宽市场空间。

此外，加强农村体育基础设施的建设，完善农村体育服务体系，是实现农村体育产业高质量发展的基础。通过政府投资和社会资本合作等多种渠道，加大对农村体育设施的投入，如建设农村体育公园、健身路径、体育活动中心等，为农村居民提供便捷的体育健身场所，鼓励和引导农民积极参与体育活动，提高农村居民的身心健康水平。

总之，社会治理视域下我国农村体育产业的高质量发展，需要政策引导、资金支持、产业融合与创新驱动相结合的全方位策略，通过推进体旅农商融合发展，培育多元化业态，加强基础设施建设，提升服务体系，既能促进农民增收和农业发展，也能丰富农村居民的文化生活，提高生活质量，为实现乡村全面振兴提供有力支撑。

六、以体育产业强劲发展助力乡村振兴

农村体育产业的高质量发展，不仅有助于推动体育产业自身的持续繁荣，还能有效促进农村经济结构的优化升级和社会文化的全面繁荣。助推作用要求在策略上进行精准定位，在实施上注重细节与创新，在效果上追求经济效益与社会价值的双重提升。

（一）重视体育产业对乡村振兴的推动作用

体育产业的发展需要餐饮、住宿等服务的支撑。利用农村独特丰富的山水林田湖等自然资源，开发徒步、登山、骑行、水上运动等户外体育活动，做好体育赛事与乡村旅游、文创产品的融合，不仅能吸引城市居民前往体验，还能带动当地住宿、餐饮、交通等相关产业链的发展，有效促进就业和消费，显著提升当地的经济和社会活力。同时，挖掘和利用地方传统体育项目和民俗活动，如龙舟赛、踩高跷、舞狮等，既能丰富体育产业内容，也有助于传承和弘扬优秀的传统文化，增强农村文化自信。

（二）提升体育产业对农村经济的带动作用

包括构建体育旅游与农业生产的互动机制，通过开展“农耕体验+体育

活动”的模式，让参与者在体验传统农耕文化的同时，享受体育带来的乐趣。例如，结合地方特色农产品举办的马拉松赛事，不仅可以推广当地特色农产品，还能提高赛事的吸引力和影响力。此外，通过引入体育产业投资，促进农村体育设施建设和体育服务业的发展，为农村青年创造更多就业和创业机会，助力解决农村就业问题，促进农村经济多元化发展。

（三）强化体育产业对农村社会治理的促进作用

体育活动本身具有强大的社会凝聚力和教育功能，通过组织丰富多样的体育活动和赛事，可以增强农村社区的凝聚力，促进邻里和谐，提升农村居民的身心健康和幸福感。同时，利用体育活动作为载体，推广健康生活理念，倡导文明新风，有助于提升农村社会文明程度和整体素质。创新体育产业与农村振兴融合的模式与机制，包括探索政府引导、企业主导、社会参与的多元化投资和运营模式，建立健全体育产业发展的政策支持和服务体系，以及促进体育产业与农村教育、健康、文化等其他领域的深度融合，形成全社会共同参与农村振兴的良好氛围。

七、持续强化农村体育产业发展的政策保障

在社会治理的视角下，实现我国农村体育产业的高质量发展，尤其在乡村振兴战略的大背景下，保障措施的有效实施显得尤为重要。这不仅关乎政策的有效落地，更是确保能够在实践中取得预期成效的基础。从组织领导到政策支持，再到资金投入，每一环节都需要精心设计和周密安排，以保障农村体育产业的持续健康发展。

（一）加强组织领导并明确任务分工

实现农村体育产业的高质量发展，需建立由政府主导、多部门协作的工作机制，确保农村体育事业的发展既有明确的领导机构，又有具体负责的执行团队。各级政府要根据本地实际情况，制定具体的发展计划和目标，明确各部门职责，形成齐抓共管的工作格局。同时，通过定期召开工作会议、进行进度汇报等方式，确保各项任务的有效推进和落实。

（二）丰富农村体育产业发展财政政策工具

增强农村体育产业发展引导资金的扶持力度。制定和明确政府购买农村公共体育服务的标准，通过必要的产业引导资金，推动政府购买群众体育公共服务，引领企业参与农村公共体育服务，增强体育产业财政资金对企业扶持力度。优化税收优惠政策。扩大农村体育产业税收优惠覆盖面，增强体育企业税收优惠力度，鼓励体育企业投融资行为，增加农村体育产业的有效供给。立足于强化农村体育产业财政要素保障，激发市场活力和消费热情，提高财政资金的使用效率，发挥好财政资金的杠杆作用，全面推动农村体育产业由追求速度和规模的粗放式发展向追求质量和效益的集约式发展转变。

（三）健全完善推动农村体育产业发展的政策措施

完善农村体育产业税费优惠政策。符合条件的体育类非营利组织的收入，可按税法有关规定，享受企业所得税相关优惠政策。企业发生的符合条件的广告费支出，可以按照税法规定扣除。加快农村体育产业法治化、规范化发展。建立、健全相关法规，完善监督管理机制，明确监管主体及其管理职能和各类市场主体的权利义务，促进农村体育市场规范发展。加快农村体育产业管理人才培养。积极开展农村体育教育培训，多渠道培养既懂农村经济又懂农村体育的复合型人才，夯实农村体育产业发展的人才基础。

第六章

社会治理视域下牧区体育发展研究

本章首先概述了西藏、甘肃牧区体育发展现状，论述了广大牧区在国家政治、经济、生态、地缘等方面的重要、特殊地位，进而强调了牧区体育在体育总盘子中的占比值得高度重视。其次，阐述了牧区体育在协调社会关系、促进社会公正、应对社会风险、培养民主意识、推动社会和谐等诸多方面助推社会治理的重要作用。最后，从应坚持的原则、科学分类推进、夯实基础等方面，对加快牧区体育发展作出了规划：坚持人文内涵、“生态信仰”、发展与环保并重等原则，规划好休闲体育项目、传统体育项目、节庆类体育赛事以及群众喜闻乐见的赛事，逐步补齐农牧村体育发展短板、出台优惠政策吸引社会资金投入、利用科技创新成果推动牧区体育发展、发挥好社会组织在牧区体育发展中的重要作用、强化牧区体育政策措施和发展战略基础支撑等，以形成牧区体育良性发展格局。本章从实践和理论角度提出的一些思路、设想和规划，对拓展和丰富我国民族地区体育发展理论有积极意义。

第一节　广大牧区体育发展卓有成效

改革开放以来，尤其是“十三五”和“十四五”期间，地处内陆的内蒙古、新疆、西藏、青海、甘肃、宁夏等12个拥有广阔牧区的省份，教育、科技、文化、体育、卫生等各项社会事业取得了长足发展，特别是民族体育成绩斐然，各牧区在体育运动中获得了许多荣誉称号，牧区体育参与文化进步、助推旅游发展、提供健身悦心的优势日益凸显。通过传统体育的又好又快发展，扩大了各大牧区的知名度，带来了群众增收，形成了民族传统体育发展的聚合效应。这里以西藏、甘肃牧区为例予以阐述。

一、西藏自治区牧区体育取得了快速发展

（一）积极做好民族体育的传承发展

2020年5月1日，西藏自治区颁布实施了《西藏自治区民族团结进步模范区创建条例》（以下称为《条例》），第十四条规定："必须加大对民族体育基地和设施的建设力度，发掘、保护及推广民族传统体育项目，定期举办民族传统体育赛事，以促进少数民族体育的发展。"这是推动西藏民族传统体育发展的纲领性文件，也为西藏发展民族传统体育擘画了蓝图。

作为以藏族为主的边疆多民族自治区，西藏拥有包括藏族、汉族、回族、珞巴、门巴在内的45个民族，其中藏族及其他少数民族人口占到了总人口的91.83%。这一地区在其悠久的历史演进中，根据各民族的自然生存状况、地理环境以及社会生活习惯，孕育出了许多具有独特民族特色的体育项目。西藏的民族传统体育项目主要包括投掷、马术、射箭、抱石头、北嘎、押加、马球、吉韧、藏牌、密芒等，不仅具有娱乐、展示和竞技的特点，而且在文化传承和发展方面面临着挑战。

党和政府高度重视西藏传统体育的发展，研究和制定了西藏传统体育内容框架，充分发挥藏族传统体育的优势和特点，利用现代科技促进传统体育与旅游、文化等产业的有机融合，积极打造传统体育休闲旅游品牌。做好藏族传统体育项目的保护与推广，利用部分传统体育较高的竞技性、娱乐性和德育特点，推广民族传统体育，推动铸牢中华民族共同体意识。大力培养民族传统体育传承人，建立民族传统体育赛事活动补助机制，把民族传统体育项目融入民族传统节日。深入开展体育下基层支援服务活动，为基层群众送去体育服务。例如，以马术表演为主，编入技能训练、健身知识，引导群众广泛参加全民健身，得到群众充分肯定。同时，建立民族体育指导员数据

库，通过民族传统体育项目培训班，完成传统体育指导员数量增长目标。积极宣传民族传统体育项目，自治区体育局有关处室负责人到拉萨大中专学校，向学生讲述西藏民族传统体育的历史演进和发展保护现状，让更多的人接受、参与、认同、支持传统体育。

国家体育总局在“十三五”体育发展规划中强调，结合国家文化体育发展战略，传承和弘扬中华民族的传统体育项目，保护和利用体育非物质文化遗产，以体育活动作为展示中国梦的载体，将中华体育文化介绍给世界。自治区的“当吉仁赛马会”等项目已被纳入国家和自治区级非物质文化遗产保护名录，为民族传统体育项目提供了坚实的基础，促进了少数民族传统体育的国际化发展。

（二）努力推动民族体育融合发展

西藏注重将藏族传统体育、现代体育、民族节庆融入乡村旅游规划，并从政策、资金、人才、执行等各方面着力推动，赋予传统体育新时代内涵，有力地促进了当地经济发展和农牧民增收致富。目前，已形成了拉萨藏历新年的马术表演，雪顿节的赛牦牛，林卡节的吉韧（指弹克郎球）、藏棋（藏语称“密芒”“多眼棋”“多目戏”）、“斗风筝”等，当雄当吉让赛马、藏式五彩风筝制作与放飞、“西藏纳木措国际徒步游”、羊八井启孜峰登山探险、雪古拉峰群众性徒步登山等活动。[①]

阿里地区常以圣湖神山民俗旅游区为依托，开展徒步、骑行旅游活动，日土县农牧民在班公湖民俗文化旅游节上表演赛马。日喀则通过珠峰文化节、江孜达玛节等特色节庆活动，大力开发具有浓郁藏地特色的传统体育与民俗相结合的风情旅游，并向广大游客和群众展示后藏民族风情的江孜跑马射箭、果孜（数羊头）、白朗县斗牛、萨迦县“恰勘踏旭”（杂技滑绳）等传统体育竞技项目。日喀则市聂拉木县每年都要举办农牧民运动会，主要在聂拉木县公共体育场举行。抱沙袋、押加、藏式摔跤等传统民族体育项目是常

① 杨建鹏，丁玲辉.西藏乡村旅游与民族节庆和藏族传统体育文化融合发展研究[J].西南民族大学学报（人文社科版），2016，37（01）：46-50.

设项目。每年一度的林芝雅鲁藏布大峡谷文化旅游节、桃花节期间，响箭、抱石头比赛和珞巴族的刀术与刀舞表演必不可缺，如鲁朗旅游小镇的农牧民为游客准备了骑马、响箭体验游。每年夏季，林芝市巴宜区林芝镇每年都要举办尼洋旅游文化之民俗赛马艺术节，轮流在具备条件的村举行。赛马是比赛中最受瞩目的传统体育项目。来自镇上的牧民，将赛马精心打扮，信心满满地走上起跑线。比赛开始，骑手驭马疾驰，热闹非凡，欢声震天动地，群众陶醉在欢乐的海洋。山南地区每年要以措美哲古牧人节和雅砻文化节为依托，推出超越自我、放飞自我的环羊湖自行车体验游和桑日达沽峡登山活动、射箭、拔河、藏式摔跤等传统体育表演等活动。那曲着重开发羌塘恰青赛马与其他传统体育竞技表演，有力助推了那曲乡村旅游与节庆文化发展。借助康巴文化旅游艺术节的举办，昌都市传统民俗体育抱沙袋、押架、藏式摔跤、抱石头令人目不暇接，弦子舞、锅庄、热巴舞等表演活动令游人流连忘返。

总体上看，拉萨市和其他地区开展的传统体育活动，均以乡村为比赛或表演地，以农牧民为主要参与对象，用一场场“接地气”的比赛激发群众参与体育的热情，用一场场乡村体育运动会的活力朝气唤起人们对和平繁荣乡村的喜爱，对辽阔伟大祖国的热爱。

（三）社会治理视域下牧区体育有了新发展

根据党的十七届三中全会关于“国家治理体系和治理能力现代化”的安排部署，西藏自治区积极推进综合治理、依法治理，强化系统治理，注重应急动态管理和健全常态化管理衔接的治理机制。注重将农牧村公益事业的发展作为推进社会治理的得力抓手，开展系列特色文化体育活动，出台《关于贯彻落实体育强国建设纲要的实施意见》《西藏自治区户外运动产业发展三年行动计划》（2023—2025年），从群众健身、民族体育、赛事体系、体教融合、体育产业等方面进行系统部署，确立全区体育事业发展的路线图和总目标，尤其是将民族传统体育作为民族相互交融、交往交流的重要载体，作为加强各民族团结、增强向心力、传承爱国主义精神的重要一环大力推进。

2012年到2022年的10年时间里，全区共投入52.37亿元，积极完善体育基础设施建设、培养竞技体育后备人才、提升全民健身水平、保护民族传统体育项目。全区公共体育场地增至近9000个，面积达650余万平方米；社会体育指导员达近6000人，每千人拥有社会体育指导员1.6人，极大地满足了各族群众体育健身需求。着力开展有特色、多样化、接地气的全民健身活动和群众体育赛事，显著提高了群众身体素质，增强了群众的健身观念和意识。加强民族传统体育的保护、传承与发展，努力发展青藏高原特色体育事业，拉萨风筝、当吉仁赛马会等多项民族体育项目被列入国家和自治区级非物质文化遗产保护名录。

二、甘肃牧区体育取得了快速发展

甘肃牧区主要位于青藏高原东部的甘南藏族自治州和河西走廊南部的祁连山一带。甘南藏族自治州牧区与周边四川阿坝藏族羌族自治州、青海黄南藏族自治州、果洛藏族自治州等牧区相连。各牧区体育既在宽松的发展环境下自由发展，又在强力的国家政策支持下科学发展，均取得了显著的成效。

（一）甘南牧区体育发展亮点频出

1.民族传统体育项目得到有效挖掘和推广

近年来，甘南藏族自治州紧扣党的治藏方针，加快建设铸牢中华民族共同体意识样板区。在社会事业上，大力推动甘南藏族传统体育活动的开展，注重藏族传统体育的挖掘、保护与传承。通过坚持不懈的努力，甘南州目前已从民族民间挖掘出各民族竞技表演体育项目摔跤、射击(射箭、射枪)、赛跑、马术(赛马、跑马打枪、骑马射箭)、赛牦牛、抱石头、押加(大象拔河)、北嘎、武术等，娱乐游戏项目击石、拔河、吉韧、踢球、踢毽子、跳绳、掷骨牌、击球、套砖头、格木泽(跳远)、丢窝窝、举皮带、藏棋、塔马(跳高)、蹬棍、打蚂蚱、浪山、踩高跷等，健身和其他类的登山、磕长头、气功、藏舞、武术、跳神、转山、转经轮、瑜伽、打秋千等。其中甘南藏民族锅庄舞以它特有的文化性、群众性、健身性被更多的人所接受，现已成为许多地区全民健身晨晚练点的重要内容，盛行于全省各地的健身广场，风靡全国。

2.群众性民族传统体育活动广泛开展

甘南州各县市充分利用民族节庆日，发动当地民族群众广泛开展各具特色的民族传统体育活动。如：舟曲县的采花节开展民族舞蹈、打秋千等，临潭县的元宵节举行万人拔河，夏河县香浪节开展赛马、歌舞、射箭等，合作市的民族运动会由各乡轮流举办，群众性自发传统体育活动日趋活跃。民族传统体育项目诞生于民间，既能强身健体，也是接地气的一种文化娱乐形式。许多民族舞蹈既是文艺活动，也是体育健身项目，并可进行比赛，最有代表性的当属发端于藏区、流行于全国的锅庄舞。它能在多种场合跳起来舞起来，健身、娱乐、文艺表演、比赛等，作用多多。传统体育活动始终是群众的最爱。劳作之余，人们在村前村后，牧场河畔，荡秋千、摔跤、拔河、投掷；或以农具为器材，拔河顶棍；或以石子木棍为棋子，对弈搏棋，丰富多彩，妙趣横生。在传统节日，赶集日，亲友聚会，家庭喜庆，除歌舞之外，也以一两个体育项目助兴。民族传统体育活动丰富了少数民族群众的业余文化生活，参与活动者越来越多。

3.民族传统体育运动水平大幅度提高

甘南各级民族传统体育运动会的举行不仅带动了群众性民族传统体育活动的开展，而且在挖掘整理民间传统体育项目、规范运动规则、提高运动水平等方面发挥了显著的功效。例如，截至2024年8月，甘南州玛曲县的“格萨尔赛马大会”已连续成功举办了15届，从8月13日开始到17日结束，历时5天。奖金总额为196万元人民币，其中一万米耐力赛的冠军奖金达到25万元。这场有着草原上的“奥运会”之称的夏日狂欢，吸引来自贵州、西藏、四川、青海、甘肃等五省区共38支顶尖赛马队伍的870匹骏马同场竞技，为国内外游客及马术爱好者呈现了一场视觉与心灵的双重盛宴。截至2023年7月，临潭县冶力关镇的“中国拔河公开赛”已连续成功举办7届，2023年公开赛历时4天，比赛邀请俄罗斯、越南和国内安徽马鞍山、陕西民俗体协等300余名运动员参赛，分别产生了国际组、公开组男子640公斤级、女子540公斤级、混合580公斤级6枚金牌。这两个大型赛事受到国家体育总局的特别关注。在这两个大型赛事的强有力带动下，成功举办了两届甘南州“锅庄舞大赛”和“则巴邀请赛”（即大力士邀请赛）。而各县市、乡镇、村举办的民族传统体育运动会以及广泛兴起的民间传统体育活动又为甘南民族体育赛事的举办奠定了坚实的基础。彼此相辅相成，上下互动，有效地推动少数民族传统体育事业的发展。甘南还充分利用品牌赛事的辐射带动作用，在广大农牧村广泛开展民族特色鲜明的押架、藏式摔跤、赛牦牛、射箭、大象拔河（押架）、举皮袋、摔跤、打炮尕、拔腰等项目，注重通过整合、改造、提升民族传统体育项目，更大范围加以推广和应用，在州内各类节庆和集会期间，设置一些民族传统体育项目的比赛和表演，激发广大群众主动参与体育健身的热情和积极性，全面推动我州民族传统体育的快速发展。

（二）肃南裕固族自治县牧区体育工作成效突出

肃南裕固族自治县属甘肃省张掖市，位于祁连山北麓的河西走廊中东部，自1954年建县以来，该县以其独特的地理和民族构成成为中国唯一的裕固族自治县。这个地区不仅以其广阔的地理范围和丰富的民族文化而闻名，而且还因为积极培育和传承民族传统体育项目而受到认可。通过这些活动，肃南裕固族自治县不仅弘扬了民族传统文化，还促进了体育产业与旅游文化的融合发展，显示了对民族传统体育价值的深刻理解和对社会经济高质量发展的积极贡献。

肃南裕固族自治县的地理位置特殊，横跨河西五市，并与甘肃及青海两省的15个市县区相连。这里文化多样，汇集了裕固、藏、蒙古、回、汉等15个民族，成为国务院指定的28个人口较少民族县之一。在这样的背景下，肃南裕固族自治县形成了独特的民族传统体育，包括五乡三镇中的2个藏族乡、1个蒙古族乡和5个裕固族乡镇等，展示了丰富的民族文化和体育活动。

近年来，在县委、县政府的领导和上级业务部门的支持下，肃南裕固族自治县认真贯彻落实了党的二十大报告中的全民健身和体育强国建设要求，不断增强体育工作的系统性和协同性。通过推动群众体育和民族体育的协调发展，尤其是牧区民族体育事业的发展，肃南裕固族自治县在逐步建立起民族传统体育与全民健身运动互促发展的局面方面取得了显著成果。

肃南裕固族自治县的少数民族传统体育活动内容丰富，各乡镇发展了具有鲜明特色的民族体育项目，例如赛骆驼、赛走马、顶杠子、射弩、速度赛马、押加、拔棍、射箭、搏克、裕固族摔跤和马术等。这些活动不仅丰富了县民的文化生活，也促进了民族团结和文化交流。

为了进一步弘扬少数民族传统体育，肃南裕固族自治县在国家文化和旅游部艺术发展中心、甘肃省体育局、中国马文化运动旅游规划研究院的指导下，自2017年起举办了12期中国丝路大赛马——肃南裕固族自治县赛马会。比赛吸引了来自北京、内蒙古、青海、云南等省、市、自治区及甘肃省内的酒泉、武威、张掖的3000余匹马匹参赛，观赛人数超过30万人次。此外，肃南裕固族自治县还举办了12届少数民族传统体育运动会，以及各乡镇具有区域特色的文化旅游艺术节，如那达慕节、赛罕塔拉文化艺术节、七彩明花金秋大漠胡杨旅游文化艺术节等，通过这些活动，将民族体育与自然和其他人文旅游资源融合，展示了独特的民族风情。

在基础设施方面，肃南裕固族自治县建成了包括传统体育项目体验区、索朗格赛马场、西柳沟民俗度假区、裕固村寨、少数民族传统项目综合体育馆等在内的多个场地，为民族传统体育的展示和比赛提供了有力的保障。此外，肃南裕固族自治县通过多种方式弘扬和传承民族传统体育，包括常态化的技能和裁判培训、将传统项目纳入学校体育课程、与西北民族大学少数民族传统体育研究所的合作等，这些举措不仅促进了民族传统体育的发展，也加深了不同民族间的文化交流和理解。

第二节　牧区体育对社会治理的助推作用

一、牧区体育在体育总盘子中的占比值得高度重视

我国北部、西北部和西南部，分布着广袤的草原牧区，承担着生态屏障的重要作用。内蒙古、新疆、西藏、青海、甘肃、宁夏等12个省、区的牧区占全国总面积的44%。其中，西藏、青海三江源自然保护区、甘肃黄河上游、四川阿坝、甘孜等地，草原广袤，溪流、河流密布，湿地星星点点，大地、山谷像海绵和水塔，为我国二级、三级台阶输送了源源不断的水资源。

广大草原牧区，承担着农牧业全产业链协调发展的重要作用。我国是一

个农业大国，畜牧业占农林牧渔业总产值的比重也很大。中金企信国际咨询市场调研显示：我国畜牧业产值占农林牧渔业总产值比例长期维持在25%以上。[①]它为纺织、食品、制药等轻工业提供了丰富的原料，也为居民提供了肉、乳、蛋、禽等食品，甚至为农业提供役畜和粪肥，发展好畜牧业意义重大。发达国家不论面积大小畜牧业普遍发达，除了日本，美国畜牧业占农业总产值比例为60%，英国为70%，北欧一些国家达80%～90%，我国的畜牧业发展空间还很大。

广大草原牧区，承担着维护地缘政治、军事防御等国家安全稳定的重大作用。这些地区位于祖国边陲，与多个国家接壤，自然地理纵横交错，社情民意复杂，在与各国友好相处、和平交往、共享共建的同时，也承担着反对“三股势力”、反分裂、反渗透、反颠覆、反破坏等方面的重大责任，这里是国家的安全屏障。

此外，广大草原牧区也是我国重要的资源宝库和交通要道，为我国的长久发展提供重要支撑。

另外，我国牧区在地理分布上大致有三种形态：纯牧区，是集中连片的草原牧区；半农半牧区，牧区与农区交错分布，你中有我我中有你；林农牧区，亦林亦农亦牧，森林农田牧场彼此穿插，几种形态兼而有之。

因此，在注重研究内地农村体育事业发展的同时，不能不关注牧区体育发展，更不能忽视社会治理视域下广大牧区体育事业的发展。

当前，研究牧区体育的理论多以“牧区各个少数民族的名称+地域”提出。研究集中在少数民族传统体育的保护传承与发展、数字化发展、与旅游文化捆绑发展、在全民健身运动中的价值与发展途径、在乡村振兴中的价值与发展途径，并且将牧区体育与绿色体育、生态体育统筹进行研究，取得了显著的研究成果。但将牧区体育与社会治理衔接进行研究的还不多。

广大牧区是社会治理的基层，让每一个“神经末梢”畅通、每一个“基层细胞”活跃并且高质量发展，整个社会才能稳步前行。基层治理好了，就

---

①《市场调研：我国畜牧业产值占农林牧渔业总产值比例长期维持在25%以上》中金企信国际咨询2024-04-07。

相当于治理好了大半个中国。正如习近平2020年7月在吉林视察工作时指出的："一个国家治理体系和治理能力的现代化水平很大程度上体现在基层。基础不牢，地动山摇。只有不断夯实基层社会治理这个根基，才能真正实现社会主义现代化强国的目标。"[①]牧区体育具有协调社会关系、促进社会公正、应对社会风险、培养民主意识、助推社会和谐等多重作用，这也正是社会治理所需要的。

二、牧区体育承载着丰富的民族文化传统

民族文化的传承发展与社会治理密切相关。习近平2014年在中央政治局第十八次集体学习时的讲话中强调："要治理好今天的中国，需要对我国历史和传统文化有深入了解，也需要对我国古代治国理政的探索和智慧进行积极总结。"[②]牧区传统体育文化作为一种治理方式，在古代社会治理中发挥了作用，自然也是当前牧区社会治理中的重要载体，特别是在"我国社会主要矛盾已经转化为人民日益增长的美好生活需要和不平衡不充分的发展之间的矛盾"大背景下，做好牧区传统体育文化融入基层社会治理工作，更是坚定文化自信、创新基层社会治理的必然要求。

牧区传统体育文化历史悠久。牧区蒙、维、藏、羌、回、哈萨克、塔吉克、土族、东乡等各民族在华夏大地上劳作生活、建设家园、繁衍生息，共同创造了灿烂的中华文化，形成了中华民族共同体。各少数民族都有着悠久的历史和独具特色的文化。牧区民族体育从生产劳动中产生，作用于日常健身，繁荣于太平盛世，它是劳动人民追求真善美的体现，甚至是战斗的演习、感情的宣泄。当然，牧区体育文化也包含了少数民族的传统习俗、道德理想、宗教因素和社会组织形式，是研究少数民族历史和社会的活化石。

牧区传统体育文化是中华优秀传统文化的重要组成部分。牧区民族传统体育文化来自民间生活、民间习俗，源于中国传统文化，蕴含着中国传统文

---

① https：//www.gov.cn/xinwen/2020-07/24/content_5529791.htm

② https：//www.chinanews.com.cn/gn/2014/10-14/6678520.shtml

化的基本特征，特别与道家的阴阳、八卦、五行以及四书五经等理论密切相关。牧区传统体育文化是社会政治、经济、军事、文化、教育、宗教信仰、风俗习惯在少数民族群体中的集中反映，传承和记录着民族发展的进程。

我国的少数民族传统体育文化的发展具有礼仪性、娱乐性、表演性、节庆性等性质，重点在个人修养与修为，由此形成了以追求“健康和长寿”为目的的民族体育文化，将身心合一、动静结合的养生概念融入进来。中国少数民族体育文化的发展削弱了体育运动中存在的竞争、惊险、激烈等因素，并形成了自己的特色体育文化体系。我国少数民族传统体育文化通过从外到内，由表及里，由形而下的有形活动来锻炼，在无形精神方面得到升华，透射出十分明显的重人格倾向。欧美现代体育文化则更加重视人体的体型形态而轻视人格方面的培养。①无论从政治、经济、文化角度，还是从中外体育文化传统角度分析，牧区传统体育都承载着重要的文化使命，这些文化在未来必将闪烁出更加璀璨的光芒，发挥出它更大的价值。

三、牧区体育在乡村振兴战略实施中发挥了重要作用

农牧村体育扩大和培养了乡村体育运动群体。许多地方开展的农牧村体育运动，有时候完全由农牧民群众参与，有时候是以农牧村为主题或举办地在农牧村，由当地城乡居民全面参与。例如，许多地方举办的“村跑”比赛，由城乡群众全面参加。赛前、赛中、赛后，往往包含欣赏农牧村美景、品尝特色食品、感受民俗风情等内容，居民的运动兴趣被充分调动，运动习惯得到有效培养。而大量游客的涌入，也带动了餐饮、住宿、娱乐等相关产业的发展，为农牧村经济注入了新的活力。

农牧村体育运动凸显的“农趣”“农味”丰富了体育内涵并巩固了其在群众心目中的地位。一些地方农牧民运动会暖场、中场休息时的啦啦队表演，展示的是本区域民族舞蹈、民间技艺、民俗文化。球队名称用家乡的农畜特色产品，甚至旅游景点来命名。用当地的特色农畜产品充当奖品。观众

① 张兴毅.中国少数民族传统体育文化与源于欧美的现代体育文化比较研究[J].商，2013，(18)：62.

助威加油时，往往利用当地的特色锣鼓、号子、方言俚语、民歌等施放，形成一种激情奔放、山呼海啸的气势。

农牧村体育运动的开展改善了农村生活环境。农牧村体育活动的普及和推广，也为牧区青少年提供了更多的就业和发展机会，有助于缓解就业压力，促进社会稳定。现代体育项目的引入为牧区青少年提供了更多样化的体育活动选择，不仅有助于提升他们的身体素质，也培养了他们的团队合作精神和竞争意识。现代体育设施的建设和改善，为牧区居民提供了更好的健身环境，提高了他们的生活质量。

农牧村体育运动有助于树立农牧村文明新风。当前，不少农牧村在乡风文明方面存在一些回潮现象，如风气懒散、不劳而获、诚信缺失、破坏环境、观念落后等不利倾向，乡风文明建设主体力量弱化、乡村移风易俗工作成效不佳，乡风文明水平有待尽快提高。实践证明，农牧村体育运动适用性广、容易操作推广，是改善群众精神风貌、提升乡风文明水平的良好途径。在广大农牧村我们看到，乡村体育活动的组织难度小于其他活动，在那些组织能力弱的乡村也能有效推进。农牧村体育活动为广大农牧民群众喜闻乐见，丰富多彩、锻炼效果好的体育活动充分激发着群众的精神力量，增强其发展进步的信心，提升其“听党话、感党恩、跟党走”的行动自觉，较快形成积极向上的文化氛围，从根本上显著提升该区域乡风文明水平。

总之，做好牧区传统体育的发展，不仅有效地保护和传承了民族文化，也为牧区的社会经济发展注入了新的活力，为构建美丽、富裕、文明、和谐的新牧区提供了坚实的支撑。

四、牧区体育有效助推社会治理

牧区体育具有独特的文化内涵和社会功能，成为连接牧民情感和强化社区凝聚力的重要纽带，同时也是推动社会治理创新和乡村振兴战略实施的有效载体。

（一）牧区体育协调社会关系应对社会风险

牧区体育的责任义务合作共享精神协调了社会关系。农牧村体育冲击着单调沉寂、封闭内向的现象，创建着活泼阳光、合作交流的气象。例如，各种集体体育项目的开展，既科学分工、积极主动，又互助协作、紧密配合，参与者默契感提升了，经验交流了，友谊加深了，平时存在芥蒂的，此时烟消云散。总体上讲，通过生机勃勃的体育运动，群众参与公共事务的积极性有了提高，文明礼貌素养得以培养，团队合作精神有所增强，文化认同感有所加深，整体凝聚力显著提升。农牧村体育取得了许多规章制度难以取得的社会治理效果，它像一座桥梁，缩短了党委政府、村委会和基层群众之间的距离，改善了党委和政府的形象，也润滑了群众相互之间的关系，增进了彼此的团结与信任。牧区体育通过疏导减压发挥了社会安全阀的积极作用。体育活动既是群众运动休闲的载体，也是他们表达和释放情绪的重要渠道。一场球赛，能荡涤参赛者心中的郁闷；一次登山，能消解攀登者心头的压抑；几天的运动会，可有效化解街坊邻里的间隙。清晨或傍晚时分，悦耳动听的乐曲响起，蒙古族的熊舞、狮子舞，藏族的堆谐、热巴舞、锅庄舞，维吾尔族的盘子舞、手鼓舞如鲜花绽放，律动的舞姿，腾挪的身形，发挥了塑形美体的基本价值，也释放了抚慰心灵的巨大作用。藏族地区群众开展的转山、插箭既是民俗活动，也是体育活动，它表达了群众祈福、禳灾等心理诉求。这一切都放缓了参与者紧张的生活节奏，复原了疲惫的身心。农牧村体育蕴含的礼俗习惯和价值功能疏导了社会情绪，改善了群众的精神世界，降低了社会风险，进一步织牢了社会安全网络。

（二）牧区体育塑造社会风气增强社会和谐

牧区体育的实效改变了不良习惯提升了农牧村文明新风。“以前农村很多人从来不运动，不少人早早得了慢性病，有的还打牌赌钱。这10年来，通过跳广场舞，我看到太多人离开了麻将桌、减少了去医院的次数，农村的社会风气、文明程度得到了改善和提升。”①（《丰收节，体育助力乡村焕发别样活力》2022-09-23。作者：刘金辉、王恒志、季嘉东。来源：新华社）体育运动崇尚的是健康与文明，传递的是快乐与幸福，培养的是诚信与友善。

---

① https：//baijiahao.baidu.com/s?id=1744724781457037449&wfr=spider&for=pc

无论是篮球运动、广场舞、摔跤、拔河、传统社火，还是民族地区的赛马、锅庄，都能让参与者深深感到，熬夜搓麻将得不到真金白银，积极运动才能拥有健康的“绿色银行”，尤其是人到中年，好逸恶劳、吃喝享乐将使“三高”的危险大增，热爱体育运动才能身心和谐、少去医院。

牧区体育诸多软治理功能促进城乡社会的和谐善治。体育运动把参与者凝聚在一起，通过健身娱乐、顽强拼搏等，在潜移默化中培养了合作共赢、遵守规矩、积极进取精神，也能通过传统体育、民俗体育蕴含的忠、勇、智、仁、诚精神发挥其思想教育、艺术审美、道德改造等作用，这些精神和作用承担着社会软治理的重要功能，它们在非正式制度、非严格规定的状态下推动了和谐社会建设，助推了村民自管自治，提升了群众民主意识。习近平指出，“要加强和创新基层社会治理，使每个社会细胞都健康活跃，将矛盾纠纷化解在基层，将和谐稳定创建在基层”。[①]（《在经济社会领域专家座谈会上的讲话》习近平2020年8月24日）我国牧区辽阔，社会治理压力大，仅靠正式制度已难以承担治理变革中的社会的历史重任。体育活动往往由群众自发组织，在活动中，群众出钱出力，群策群力，体现出群众自治的显著特征，值得总结引导，以丰富城乡社会和谐善治的手段和路径。

（三）牧区体育与社会治理是一个相互促进的动态过程

牧区体育已成为推动社会治理的重要载体，其与社会治理之间的相互作用，构建了一个促进牧区社会经济发展、提升牧民生活质量、加强民族团结的动态互动模式。这种模式不仅增强了社区的活力和凝聚力，而且通过体育活动的推广和普及，推动了牧区经济的多元化发展，有助于实现社会的全面、协调、可持续发展。

通过组织各种传统与现代体育活动，牧区体育不仅增强了居民的身体健康，也提高了他们参与社会生活的积极性。体育赛事为牧区居民提供了交流互动的平台，增强了社区成员之间的联系和认同感，有效促进了社区的和谐与稳定。体育活动的成功举办，在维护社区和谐及推动社会稳定方面起到了

① https：//www.moj.gov.cn/pub/sfbgw/gwxw/ttxg/202008/t20200825_169699.html

显著的作用。牧区体育的发展还为社会治理提供了新的思路和方法。在传统社会治理中，政府常常扮演主导角色，而通过牧区体育活动的组织与推广，可以实现政府与民间的有效沟通，鼓励和引导社会各界共同参与到牧区的治理中。这种参与模式不仅提高了社会治理的效率和水平，也使得社会治理更加贴近民生，更能反映牧民的实际需求和愿望。牧区体育活动的推广和普及也有助于促进经济的多元化发展。随着体育旅游、体育培训等产业的兴起，牧区体育成为推动地方经济发展的新动力。通过体育活动的开展，牧区不仅可以提高知名度，吸引更多的游客和投资，还能创造更多的就业机会，促进经济的持续健康发展。社会善治为牧区体育的发展提供了良好的外部条件，如政策支持、资金投入和资源配置。这些支持措施为牧区体育的发展奠定了坚实的基础。此外，社会善治还促进了公民的积极参与和社区的有效动员，牧民对体育活动的参与度和热情得到了显著提升，形成了良好的体育文化氛围。同时，在良好的社会治理环境中，体育与教育、旅游等领域的融合发展得到了促进，为牧区体育的多元化发展开辟了新的道路。

总之，牧区体育不仅是传承和弘扬民族文化的重要载体，也是社会治理和乡村振兴的关键力量。通过不断发展和创新牧区体育，可以更有效地促进社会和谐、经济发展和文化繁荣，实现牧区社会的全面、协调、可持续发展。

第三节　牧区体育可持续发展路径选择

一、坚持六大原则推动牧区体育发展

（一）坚持人文内涵原则

牧区体育是一项体力运动，也是一种文化活动，具有强烈的人文性。多姿多彩的自然环境造就了多样的牧区体育内容和形式，而风格迥异的人文环境则造就了不同的牧区体育精神和内涵。各地的运动休闲节会非常重视融入

地方特色文化，将牧区体育与当地文化一体化促销。例如，藏族的锅庄舞、赛马，蒙古族的射箭、赛骆驼，维吾尔族的切里西（摔跤）、萨哈尔地（转轮秋千），哈萨克族的马上摔跤、叼羊和姑娘追，无不蕴含了浓郁的地方文化。牧区体育的灵魂与根性在于文化与美学。在全民参与的体育时代，让更多人在自然界历史长河中感受到美和快乐的体验，只有这样的产品才能打动消费者和用户。在开发甘南生态体育资源时，要结合本地实际，不断拓宽视野，根据市场需要适时推出具有甘南民族特色的服务项目，拓展生态体育内涵与空间。

（二）坚持弘扬“生态信仰”原则

生活在青藏高原的雪域民族以其独特的生活习俗和方式保护着高原脆弱的生态环境，珍惜、爱护着大自然恩赐的每一个物种，守护着丰富的自然资源。他们在艰苦的生存环境里以其纯朴善良的心灵，感受着万物的厚爱，并以善待万物、和平共处的理念，呵护着大自然。[①]藏民族禁忌杀生善待动物、忌对神山神水神树触动、忌乱挖乱砍等显著的禁忌文化，以自觉的行为方式限制着个人私欲，以平等仁爱之心保护着野生动物，给现代人在生态环境保护中以极大的启示。应因势利导，着力弘扬藏区广大群众在保护生态环境与合理利用自然资源中的积极作用，促进政府不断完善相关政策，达到以人民群众为主体保护和科学利用自然资源、实现和谐发展、绿色发展的目的。

（三）坚持突出地方特色原则

特色与品牌是产品、产业发展壮大的生命力。在消费结构、消费观念日趋变化的今天，突出特色、创造品牌是吸引消费者重复购买产品和服务的决定性因素。个性特征可以突出牧区体育的优势，富有特色的牧区体育产品才能对休闲运动者形成强大的吸引力。健身是群众以前参与体育运动的主要目的，休闲放松则成为现在的新目的。在牧区体育资源开发过程中，要突出体现“人无我有，人有我新，人新我优”，只有这样才能在市场中更具吸引力

---

① 张宗峦，论藏区民族风俗对生态环境的保护[J].中国政法大学学报，2012（4）：99-100.

和竞争力。积极挖掘和整理当地资源中民族性、地域性和独特性的资源，使牧区体育产品兼具原始性与自然性、民族性与地方特色的和谐统一。

（四）坚持传统体育传承创新原则

牧区现有体育项目，其主体和重点是民族地区的传统体育。长期以来，牧区体育发展偏重于原生态体育项目的原本呈现，忽视对这些体育项目的挖掘改造提升，原本项目的好处在于能体现其独特性与唯一性，但弊端是外地人难以参与其中，制约了传播与扩大。或者注重了项目的运动价值，忽视了人文因素的注入。结合体育事业先进地区传统体育发展经验，既要继承传统体育内涵和形式，也要积极吸收现代体育的运动技巧、组织形式、竞赛规则等，克服民族体育中简陋、生僻、局限性大等弊端，创新发展思路，兼容并蓄、开放集成，丰富传统民族体育的表现形式和内容，才能使传统的民族体育走得更远，也才能使绿色体育的发展可持续。否则，在现代体育滚滚大浪中，传统体育将逐渐萎缩，本区域绿色体育发展也将后劲不足。

（五）坚持体育发展与环保并重原则

作为新兴的第三产业，牧区体育经济在地方经济结构的优化和发展上有着重要作用，它为当地带来了众多的旅游者，增加了消费人群，使得商品和服务的购买力大大增加，显著拉动地区经济增长，有效解决当地人的就业难问题。牧区体育作为一项人口密集型产业，在带来诸多利好的情况下，策划、管理不善，也往往加重环境的负担，付出破坏环境的代价。开发牧区体育资源，要坚持可持续发展原则，注重对自然环境的保护。牧区体育资源环境保护作为一项系统工程，需要政府部门、管理部门、当地居民和运动者的共同参与，因此，通过法治观念教育来提高全民族乃至入境运动者的牧区体育资源环境保护意识，对于持续发展牧区体育产业具有十分重要的意义。

（六）坚持牧区体育协调发展原则

促进牧区体育服务项目与产品相协调、城市与农牧村相同步、现代新型体育项目与民族传统体育项目相促进，特色项目与一般项目相融合。面向大众，满足需求，尊重群众健身习惯，实现牧区体育服务覆盖全民。坚持因地制宜，优化服务内容形式，实现牧区体育服务近距离、经常性，使人们随时随地能够方便获得。立足民族体育同根同源性，做好相邻牧区体育发展经验交流、人员交往、赛事联办、资源共享，推动相邻牧区体育合作共赢发展。尤其要重视相邻区域体育资源的整合，编制协同发展规划，形成优势互补、差异化发展的体制机制。不可以只盯着本区域的小优势、小利益，闭门造车，各自为政，造成单打独斗的不利发展局面。

二、突出优势项目推动牧区体育发展

（一）因地制宜发展好休闲体育项目

1.户外运动

依托草原牧区丰富的山地和河流资源，开展攀岩、露营、垂钓、野外生存、极限挑战、漂流等户外运动。注意规避海拔和气候方面的不利因素，注重做好差异化文章，例如，开展好“青藏高原东部户外运动邀请赛”“国际户外运动暨摄影展览”，建设高原足球、排球训练基地，开展少数民族传统体育体验活动等。

2.速度运动

开展好赛马、汽车摩托车赛、山地自行车、冰雪运动、徒步越野、登山等项目，例如，甘肃省天祝藏族自治县举办“野性祁连”越野跑系列赛、草原锅庄舞大赛暨黑马圈河“六月六”传统赛马会，利用乌鞘岭国际滑雪场这一陕甘宁最大的高山滑雪场和全国唯一一家藏式风情国际滑雪场基地，积极发展了滑雪运动。

3.力量型运动

开展好拔河、举重、拳击、摔跤、柔道、射箭等项目。甘肃省甘南州的临潭、迭部等县海拔较低，可以利用临潭冶力关国际拔河邀请赛、迭部则巴（大力士）邀请赛等已有基础，委托专业公司积极做好策划，在开展好商业比赛的同时，将本区域打造成力量型运动的高原训练基地。

4.养生型运动

在具备条件的牧区，重点开展太极拳、气功、瑜伽、体育舞蹈、秋千、跳绳、打陀螺、轮滑、飞镖、钓鱼、风筝等休闲养生项目。做好这些项目，既要与全民健身运动相结合，打牢坚实的群众基础，又要精心策划，科学引导，形成公众积极参与的氛围，并且要做好教练、社会指导员的培养，场地、器材的配置。

5.表演健身类运动

在具备条件的牧区，重点开展武术、健美操、体育舞蹈、街舞、马术等表演类项目。加强与内地市区的交流互鉴，既注重普及推广创新，又注重引入成熟的组织方式和竞赛规则，做好市场化运作，形成表演健身类运动的可靠载体和有效手段。

（二）因势利导发展好民族传统体育项目

1.民间体育

藏族射碧秀（响箭）、骑马点火枪、达久（赛马）、马术、赛牦牛、加哲（角力）、大象拔河、朵加（抱石头）等，蒙古族赛马、摔跤、射箭、搏克（摔跤）、驼球等；叼羊、和球、打“嘎儿”游戏、萨哈尔地（转轮秋千）、且里西（民族式摔跤）等。例如，锅庄舞既是广大藏区最为普及的传统运动项目，又是传播藏族传统文化的最好载体。当前，正是藏区及全国各地锅庄舞运动发展的最好时期。要把握有利时机，继往开来，推陈出新，体育局主管部门与街道、社区积极联动成立各级锅庄舞协会，积极做好锅庄舞的交流与推广，把社区和学校建成推广普及锅庄舞的平台，把锅庄舞的开展情况作为基层单位社会事业发展考核的重点。

2.民间竞技表演类

摔跤、射击（射箭、打枪）、赛跑、马术（跑马打枪、骑马射箭）、赛牦牛、抱石头、格吞（颈脖拔河）、押加（大象拔河）、北嘎（藏式摔跤）等，既是牧区普遍开展的传统体育运动，也可以将其改造为民族运动会的比赛项目，切实做好保护挖掘与传承。

3.民间娱乐游戏类

击石、拔河、吉韧（藏式台球）、俄多（利用皮鞭头子抛小石头）、踢球、踢毽子、跳绳、掷骨牌、击球、套砖头、格木泽（跳远）、丢窝窝、举皮带、藏棋、塔马（跳高）、蹬棍（两人坐地四脚相抵，两人双手共握一棒，以将对手拉离地面为胜）等在甘肃藏区农牧村也有不同程度的开展，但由于参与者人数不太多，因此名气普遍不大，但每种运动均有其特殊的价值。为此，应该在保存的基础上，做好进一步的挖掘改造和提升工作，使其行稳致远。

4.健身和其他类

登山、磕长头、气功、藏舞、武术、跳神、转山、转经轮、瑜伽、打秋千等项目，均具有浓厚的民俗、民族和地方特点，这些项目的开展应以本地人为主，个别项目如藏舞、跳神等可重点进行改造、排练和培育，加入其他舞蹈元素和动作内容，扩大受众和传播范围。

（三）科学谋划并兴办好节庆类体育赛事项目

西藏江孜达玛节、林芝市贡布节、那曲赛马会、白朗斗牛节、当雄沐浴节、当吉仁木、藏历新年和各地望果节等民间传统节日里，赛马、射箭、碧秀（响箭）、朵加、马术、吉韧、北嘎等项目的比赛和表演已有较强影响力，不少已经被列为全国少数民族传统体育运动会的比赛项目。

新疆少数民族传统体育运动会项目既有传统的赛马、赛骆驼、刁羊、押加等常见项目，还有和球、托格孜胡马拉克棋等新项目，表演项目有沙哈尔地、达瓦孜、马上角力、姑娘追等民族特色鲜明的项目，也有跟内地一样的太极拳、健身气功、广场舞等大众项目。

内蒙古草原那达慕大会、蒙古马超级联赛、内蒙古体育庙会、内蒙古“魅力家园”民族民间传统趣味运动会等，赛马、曲棍球、围鹿棋、摔马跤、抢枢等趣味项目，大秧歌、麒麟鞭、空竹龙、舞龙舞狮、广场健身操舞等群众展演项目都开展得有声有色。

青海省少数民族传统体育运动会上，竞赛项目有民族式射箭、民族武术、民族式摔跤、民族马术、举沙袋、押加等12个大项62个小项，表演项目分为竞技类、技巧类和综合类。青海省全民健身大会举行藏棋比赛，果洛州速度赛马5000米比赛，玉树州三江源生态文化旅游节暨玉树赛马会都已经很有声势和影响。

甘肃省甘南藏族自治州玛曲县格萨尔赛马大会、临潭县“冶力关杯”中国拔河公开赛、碌曲县锅庄舞大赛、迭部县国际大力士中国公开赛、卓尼县国际自驾狂欢节、合作市藏地传奇自行车赛、合作迭部卓尼好徒步穿越活动，天祝藏族自治县草原锅庄舞大赛暨黑马圈河“六月六”传统赛马会，已具备较好的发展基础，应进一步做好商业化运作，科学策划统筹，强化组织安排，提高比赛档次，扩大运动赛事影响力。

（四）积极发展好群众喜闻乐见的赛事活动

体育比赛，既可以是群众日常组织开展的篮球、排球、乒乓球、羽毛球等球类比赛，也可借助毛泽东题词日、全民健身日、农民丰收节、迎新春、过“五一”、庆“七一”、度“十一”等，举办健身跑、拔河、投篮、跳绳、踢毽子、下象棋、剥玉米、挑担竞速、转呼啦圈、背水桶、举沙袋、蒙眼打铜锣、两人三足快走等趣味运动会，比赛地点既可以设在村组，也可以设在乡镇上，村子里条件有限，参与者和观看者不易聚集，而乡镇上则有户外健身广场、带看台的灯光篮球场等较好的硬件。一些乡村群众自办的赛马、拔河、射箭、藏式摔跤、押加等比赛，已在定期开展，应继续保持这一良好的势头，赛出水平、赛出影响。根据一些乡村成功举办村BA篮球邀请赛的经验，其他有条件的村子，可在农牧民体育协会、社会体育指导员的帮助下，举办自己的村BA，形成热爱运动、参与运动、振兴乡村的良好氛围。《关于推进体育助力乡村振兴工作的指导意见》指出，到2035年在全国培育100项以上最美乡村体育赛事。[①]（《关于推进体育助力乡村振兴工作的指导意见》2023年国家体育总局等十二部委印发）

---

① https：//www.gov.cn/zhengce/202306/content_6888314.htm

三、整合多元要素形成牧区体育良性发展格局

探讨社会治理视域下牧区体育事业的发展时，要认识到其发展并非依赖于单一的因素，而是需要多元支撑要素的综合整合，以促进形成一个良性发展格局。该观点强调了政府政策、社会资本、文化教育和科技创新、民间组织等要素在牧区体育发展中的重要性和互补性。牧区体育的发展不单单是体育领域的发展，更是牧区社会经济和文化发展的重要组成部分，其对于促进牧区的社会凝聚力、生活质量提升及经济发展具有不可忽视的作用。

（一）逐步补齐农牧村体育发展短板

统筹建好场地设施。完善农村全民健身公共服务网络，逐步实现城乡服务内容和标准统一衔接。[①]（中共中央办公厅国务院办公厅印发《关于构建更高水平的全民健身公共服务体系的意见》《国务院公报》2022年第10号）切实改变区域分布不均、城镇多乡村少、已有设施利用率不高等问题。要根据乡、镇、村、组群众分布情况，按照打造10分钟、15分钟健身圈的目标，规划足够的运动场地，配齐必需体育设施。针对农牧村大量人口为妇女、儿童、老人的实情，因地制宜，建好凉亭、长椅、健身器材、滑滑梯等多种休闲设施，突出休闲性和功能性。也要将乡镇尚未对外开放的单位健身场地设施及时开放，发挥其价值。根据健身活动多数在晚上进行的情况，实施好健身设施夜间“点亮工程”。

培养好农牧村社会体育指导员。农牧民既缺乏健身意识和习惯，也缺乏知识和技能，村党支部书记、村委会主任来自群众，同样缺乏必要的体育素养，社会体育指导员的作用就显得非常重要。当前，全国各地县城、市区普遍缺乏社会体育指导员，乡镇更缺，村里几乎空白。各地应结合各自实际，制定出台社会体育指导员培养使用办法，形成社会体育指导员使用管理的长效机制。用好部队转业干部、大学生村干部、有体育特长的群众和返乡能人中体育特长者，鼓励他们在基层干事创业，对骨干人员进行专业培训以持证

---

① https：//www.gov.cn/gongbao/content/2022/content_5683839.htm

上岗。对在农牧村社会事业岗位上实绩突出的优秀村干部优先提拔使用。要让县城、乡镇一级的指导员定期下沉村、组进行指导。

积极培养牧区体育发展专业人才。牧区体育人才是牧区体育资源开发和市场发展的关键因素。生态体育专业性强，部分牧区体育产品危险性大，对服务设施的科技含量、管理和服务人员的专业水平要求非常严格。牧区体育的组织者、旅游服务的提供者也都要经过相应的专业训练才能上岗工作。加大牧区体育人才教育和培训力度，可通过以下几种方式：一是择优选送高校毕业生或者退役运动员，到体育学院、高校旅游系开办的体育旅游专业进行一年以上的学习；二是对牧区体育从业人员进行岗位技能培训，切实提高经营管理和服务水平；三是通过社会办学、校企联合办学等形式，多渠道、多层次地培养高素质的牧区体育专业人才，鼓励牧区体育企业与体育、旅游类院校合作建立生态体育实习实训基地。

（二）出台优惠政策吸引社会资金投入

社会资本，作为一种重要的非政府资源，通过其灵活性和多样性为牧区体育的发展提供了新的视角和实践路径。社会资本的参与不仅体现在对体育项目的直接资金支持上，更通过企业赞助、社区参与等多种形式，为牧区体育注入了更为广泛的社会资源和影响力，从而促进了牧区体育产业的全面发展。社会资本的投入机制主要体现在其对牧区体育项目的直接资金投入及通过赞助等形式的间接支持。这种机制不仅能够解决牧区体育发展过程中可能遇到的资金短缺问题，还能通过企业赞助等形式，使体育项目与商业品牌形成联动，增加体育项目的市场曝光率和社会认知度。例如，企业通过赞助牧区的体育赛事或体育队伍，不仅可以提升自身品牌的社会责任感和公众形象，同时也为牧区体育赛事的成功举办和体育队伍的良好运作提供了必要的资金保障。

此外，社会资本的参与还体现在促进牧区社区体育的发展上。通过引导社区居民、社会组织及企业等社会力量参与到牧区体育活动的组织和实施中，不仅丰富了牧区体育活动的内容和形式，还增强了牧区居民对体育活动的参与度和归属感。这种参与不仅有助于提升牧区居民的体育素养和健康水平，也有利于加强牧区社区的凝聚力和社会稳定。社会资本的有效利用还有助于牧区体育产业的创新发展。通过企业和社会组织的参与，牧区体育不仅能够获得更多的资金和资源支持，还能引入新的管理理念、营销策略和技术手段，促进牧区体育产业的多元化和专业化发展。例如，利用现代信息技术，开展线上体育教育和健身指导，不仅能够突破地域限制，为更多牧区居民提供优质的体育服务，还能通过数据分析等手段，为体育项目的精准营销和管理提供科学依据。因此，充分发挥社会资本的作用，建立政府、社会资本和社区三方合作的体育发展模式，是推动牧区体育事业健康发展、实现社会治理现代化的重要途径。

出台优惠政策吸引社会资金投入牧区体育。推广、运用政府和社会资本合作等多种模式，吸引社会资本参与牧区体育产业发展。积极争取国家资金投入和地方自筹相结合，建立政府牵头、社会参与、产业化运作机制，着力推进牧区体育设施建设、产品开发、服务供给提质量、上档次。鼓励各类金融机构在风险可控、商业可持续的基础上积极开发新产品，增加适合中小微生态体育企业的信贷品种。积极引导保险公司围绕健身休闲、竞赛表演、场馆服务、户外运动等需求推出多样化保险产品。政府应在建设用地审批、经营税收减免等方面给予政策优惠，以政策吸引投资，以政策扶持经营，以政策促进发展。体育场馆自用的房产和土地，可享受有关房产税和城镇土地使用税优惠。对符合条件的企业、社会组织给予项目补助、贷款贴息和奖励，形成政府加大投入的扶持激励机制。

（三）利用科技创新成果推动牧区体育发展

在当前社会治理的背景下，科技创新已成为推动各领域可持续发展的关键力量，牧区体育领域亦是如此。随着信息技术的快速发展，互联网、大数据、人工智能等现代科技的应用不仅为牧区体育训练、竞赛、宣传、教育提供了新的方法和途径，而且极大地提升了体育活动的可访问性、参与性和效率，从而为牧区体育的发展注入了新的活力和动力。

在体育训练和竞赛方面，通过引入先进的科技手段，可以对运动员的训练数据进行实时监测和分析，从而为运动员和教练员提供科学的训练方案和反馈。例如，使用穿戴式设备监测运动员的生理指标，利用视频分析技术对运动技巧进行研究，以及运用大数据分析对比赛策略进行优化。科技应用不仅可以提高运动员的训练效率和比赛表现，还能有效预防运动伤害，延长运动员的职业生涯。科技的应用也极大地扩展了牧区体育活动的宣传推广渠道。互联网和社交媒体平台的利用，使牧区体育赛事能够达到更广泛的受众，提高了牧区体育文化的知名度和影响力。此外，利用虚拟现实（VR）、增强现实（AR）等技术，可以为观众提供更为沉浸和生动的观赛体验，从而激发更多人对牧区体育的兴趣和参与热情。在体育教育和服务方面，科技的应用使高质量的体育教育资源更加便捷和普及。通过在线教育平台，牧区居民可以随时随地学习各种体育技能和知识，无须受到地理位置的限制。智能体育设施的建设，如智能健身路径、智能体育场馆等，不仅可以提供更安全、便利的体育服务，还能通过数据收集分析，为设施的优化升级提供支持。

总之，科技创新的深度融入为牧区体育发展提供了全新的视角和实践路径。通过科技手段的应用，可以提升牧区体育的科学性和专业性，增强体育活动的参与度和观赏性，有效促进牧区体育文化的传播和推广，提高牧区体育服务的普及率和可达性。在此过程中，科技创新与牧区体育的深度融合，不仅为牧区体育的可持续发展提供了有力支撑，也为促进牧区经济社会发展和文化传承开辟了新的途径。

（四）发挥好社会组织在牧区体育发展中的重要作用

社会组织以其独特的灵活性和接地气的操作方式，构建起社区居民与体育活动之间的桥梁，促进了体育参与的普及和民众健康意识的提升。社会组织通过体育活动的策划和实施，不仅增强了社区内部的凝聚力，还为社会稳定与和谐贡献了力量。

社会组织在牧区体育发展中的作用体现在多个方面。第一，它们通过组织各种体育活动和赛事，动员社区居民的广泛参与。参与者不仅限于运动员或特定人群，而是向所有社区成员开放，无论男女老少，都能在这样的活动中找到适合自己的参与方式。开放性和包容性是牧区体育活动特别受欢迎的原因之一，也是它能够有效提升居民体育参与度和健康意识的关键所在。第二，社会组织通过体育活动的开展，有效地增强了社区的凝聚力。体育活动本身就具有团队精神和共同目标，参与其中的社区居民在共同参与竞赛、训练或是观赛过程中，会自然而然地建立起相互间的联系和信任，其是社区凝聚力的基础。在牧区中，增强社区凝聚力不仅有助于促进民众间的相互支持和帮助，也是维护社会稳定与和谐的重要因素。第三，社会组织在推动牧区体育发展的过程中，发挥了资源整合和调动的作用。组织通常具有较强的社区基础和民众联系，能够有效地集聚和调动社区内外的资源，如场地、设施、资金等，为体育活动的顺利开展提供支持。同时，社会组织还能够通过各种渠道，如社会媒体、社区广播等，有效地传播体育信息，吸引更多老百姓的参与和关注。

在现代社会治理结构中，社会组织与政府部门、商业实体等其他社会力量形成了互补和协作的关系。在牧区体育发展的过程中，社会组织不仅仅是单独行动的个体，而是在政府政策的指导下，与其他社会力量共同发挥作用，推动体育活动的多元化发展和社区文化的繁荣。通过这种多方参与和协作的方式，牧区体育能够更好地满足社区居民的需求，促进体育事业的健康发展，同时为牧区的社会经济发展和文化传承贡献力量。

（五）强化牧区体育政策措施发展战略基础支撑

实施政府主导发展战略。根据东亚许多国家的经验，它们的“起飞”，首先应归功于政府具有前瞻性，审时度势，根据本国的实际情况和当时的国际环境，制定了正确的发展战略并努力贯彻。我国的改革开放就是由政府主导、启动和推行的。地方政府要把牧区体育工作纳入年度经济社会发展主要指标进行管理，分解目标任务。政府主导突出的是政府的前导性和服务性，主要在于提供公共产品和公共服务的范围，并不涉及经营性领域。体育事业主管部门重在统筹协调解决生态体育发展中的重大问题，指导督促县市、部门落实生态体育发展任务。

在现代社会治理的框架内，牧区体育发展的研究展示了一个复杂而细腻的画面，其中，政府政策的角色显得尤为关键。不仅因为政府政策直接影响到体育事业的资源配置和方向指引，更因为在牧区这样一个特殊的社会和地理环境中，政府政策的支持成为牧区体育发展不可或缺的驱动力。从政策制定到实施，政府在牧区体育事业的发展中扮演着多重角色：规划者、协调者、支持者以及监督者。

在规划层面，政府通过出台体育发展规划和政策文件，为牧区体育发展提供了长期的发展目标和实施路径。规划不仅涵盖了体育设施建设、体育人才培养、体育赛事组织等多个方面，而且还考虑到了牧区特有的文化和经济背景，试图将体育事业的发展与牧区的整体社会经济发展相结合，以体育促进牧区的全面发展。

在协调方面，政府通过建立和完善体育与教育、体育与文化、体育与旅游等多部门之间的协调机制，促进资源共享和政策联动。跨部门的协调不仅能够优化资源配置，还能够提升体育项目的社会效益和经济效益，从而形成体育发展的协同效应。

作为支持者，通过财政投入、税收优惠等手段，为牧区体育设施建设和运营提供资金支持。此外，政府还通过设立体育发展基金、引导社会资本投入等方式，鼓励和吸引社会各界参与到牧区体育事业的发展中来。特别是通过公私合作模式（PPP）等创新机制，引入社会资本参与牧区体育设施的建设和管理，不仅能够缓解政府的财政压力，还能够提高体育设施的运营效率和服务质量。

作为监督者，政府通过制定相应的法律法规和标准，对牧区体育事业的发展进行规范和监督，确保体育活动的健康有序发展。同时，政府还通过建立评价和反馈机制，对体育政策的实施效果进行监控和评估，及时调整和优化政策措施，以确保政策目标的实现。为此，政府要建立农牧民体质监测反馈指导机制。区别农区、牧区、半农半牧区不同环境，围绕群众的身体形态、身体机能、身体素质等关键点，按照老人、残疾人、妇女、儿童等各自体质特点，制定运动方案并做好健身指导服务。做好体质监测工作，了解掌握群众体质现状和变化规律，以此研究制定针对性的健身活动指南，着力提高农牧民群众科学健身意识和能力。

此外，政府政策还能够激发社会各界对牧区体育事业的关注和支持，形成政府、社会、市场多方参与的良性发展格局。只有这样，牧区体育事业才能在资源共享、优势互补的基础上，实现可持续发展，为牧区的社会经济发展作出更大的贡献。

参考文献

[1]毕红星.农民体育健身工程与GIS[M].沈阳：辽宁大学出版社，2010.

[2]陈德旭.社会治理视域下我国农村公共体育服务体系建设与运行研究[D].上海：上海体育学院，2017：57–60+76–86.

[3]陈茜.乡村振兴背景下的农村社会治理研究[J].理论与当代，2019（9）：18–20.

[4]戴杲栩，聂清德，吴俊东，等.我国体育产业数字化高质量发展的机遇、问题与方向[J].体育研究与教育，2024，39（04）：30–33+49.

[5]翟元，杜长亮，刘志敏.农民体育健身工程与新农村体育发展[M].南京：河海大学出版社，2014.

[6]董传升.公共体育治理导论[M].北京：人民体育出版社，2022.

[7]胡庆山.新农村建设背景下我国村落农民体育的理论与实证研究[M].北京：北京体育大学出版社，2011.

[8]花家涛.民族民间体育社区治理研究[M].北京：中国体育报业总社有限公司，2023.

[9]纪成龙著；易剑东总主编.中国体育治理丛书中国省级体育行政部门治理能力评价研究[M].南昌：江西人民出版社，2020.

[10]焦长庚.网络化治理下公共体育服务协同供给研究[M].北京：北京首都经济贸易大学出版社，2022.

[11]靳勇.新时代我国体育中介业治理路径[M].石家庄：河北科学技术出版社，2020.

[12]李菊红，周江.健康体育产业管理与治理研究[M].南京：河海大学出版社，2020.

[13]李理.社会力量参与县域群众体育治理研究[M].北京：北京体育大学出版社，2020.

[14]李庆山，王萍.当代中国文化1000问[M].北京：北京工业大学出版社，2008.

[15]李玉基，龙圣锦.乡村振兴战略法治保障研究[M].北京：中国政法大学出版社，2023.

[16]林瑜胜.提升农村社会治理成效的四个维度[J].农村·农业·农民，2019（2B）：41–42.

[17]刘茂昌，毛建民，徐发财.皇城牧区裕固族传统体育行为的心理特征研究[J].体育成人教育学刊，2016，32（03）：69–71.

[18]刘志敏.农民体育健身工程与和谐社会[M].沈阳：辽宁大学出版社，2009.

[19]秦尉富.城市化背景下农村体育的多维分析与发展研究[M].北京：新华出版社，2018.

[20]时洪举.城市社区公共体育服务治理体系研究[M].长春：吉林出版集团股份有限公司，2023.

[21]孙刚.城镇化进程中农村体育研究[M].北京：中国言实出版社，2013.

[22]孙丽.社会治理理论与实践探索研究[M].长春：吉林人民出版社，2021.

[23]田雨.农民体育发展战略研究[M].南京：南京师范大学出版社，2009.

[24]童志坚.法学视野下体育健身休闲市场社会治理研究[M].北京：光明日报出版社，2021.

[25]汪如锋.中国普通高校体育治理结构优化研究[M].北京：中国社会科学出版社，2022.

[26]王伟光.中国特色社会主义年鉴2008[M].北京：中国社会出版社，2008.

[27]吴宝升.我国体育产业治理研究[M].北京：人民体育出版社，2020.

[28]吴明浩，章杰，吴铖铖.体育产业数字化转型的时代要求、动力机制与实践路径[J].黄山学院学报，2024，26（03）：81–85.

[29]吴文平，李长友.西部地区农村体育创新发展的困境与法制对策研究

[M].长沙：中南大学出版社，2020.

[30]夏成前.新型城镇化背景下中国农村体育发展路径研究[M].北京：九州出版社，2021.

[31]肖年乐，周道平，李国兵，等.中国体育产业与经济发展耦合协调的时空特征[J/OL].山东体育学院学报，1–11[2024–07–22].

[32]新时期我国农村体育事业的发展研究[M].长春：吉林大学出版社，2016.

[33]徐圣霞，袁凤梅.中国农村体育文化贫困与治理研究[M].长春：吉林大学出版社，2023.

[34]闫志辉.赤峰市农村牧区体育公共服务研究[J].赤峰学院学报（自然科学版），2020，36（09）：90–92.

[35]杨敏.乡村振兴背景下农村体育产业高质量发展动力、困境与策略[C]//湖北省体育科学学会.第一届湖北省体育科学大会论文集（第二册）.吉林体育学院，2023：2.

[36]杨小明.城乡群众体育统筹发展研究[M].上海：上海大学出版社，2014.

[37]叶鑫宇.新发展阶段数字新质生产力赋能体育产业高质量发展[C]//陕西省体育科学学会，陕西省学生体育协会.第二届陕西省体育科学大会论文摘要集（专题十）.南通大学，2024：7.

[38]于阳露.基于社会治理背景下的农村体育服务体系创新与实践[J].文体用品与科技，2022（503）：49–51.

[39]张道荣.新时期我国农村体育的发展[M].哈尔滨：哈尔滨地图出版社，2009.

[40]张伟.社会体育服务组织公共治理能力评价与提升研究[M].北京：人民体育出版社，2022.

[41]郑丽庄.浅析乡村振兴背景下的农村社会治理问题[J].中共太原市委党校学报，2019（5）：49–52.

[42]朱亚成.新质生产力助推体育事业高质量发展的价值、挑战与路径[J].四川文理学院学报，2024，34（04）：50–56.

[43]祝良.上海市社区体育治理体系研究[M].北京：人民体育出版社，

2023.

[44]杨桦.乡村振兴中农村体育发展的机遇、问题与策略[J].成都体育学院学报，2022（05）：8-10.

[45]孙玉玉，韩征强.“十四五”体育强国视域下农村体育发展机遇、问题与策略[J].第七届中国体能训练科学大会论文集，2022.